こどもたち こどもたち

一九四八年・一九五四年の絵日記

絵日記　もりよしこ　もりひでぶみ
文　鶴見俊輔
詩　谷川俊太郎

目次

人間のあらわれた日々

鶴見俊輔

戦争に負けたあとは、日本人が人間として、力をふりしぼって生きた年月だった。東京は一面の焼け野原。上野駅に降りたつと、市中を見わたせた。

この時代のこどもの絵日記には、あとの時代にない、人間の暮らしの形がみえている。隣人も教師も、それまでのように日本国家の威をかりてこどもに干渉してくることはなかった。

小学校二年生もり・よしこは、自分の家の廊下で雑巾がけにはげむ。廊下がひかってくるまでつやだしをすると、そこに窓がうつっている。

わたしは、もっともっときれいにふいてかがみのようにしたいと思いました。

朝おきると、弟がもうおきていて、ひとりですわってあそんでいた。弟の世話は姉の役である。しかし、この弟はおとなしくて、姉が、ふきそうじなどをしているのを、きげんよく見ている。

わたしはすぐかおをあらって、えんがわをふきました。ひでぶみちゃんは、いっしょうけんめいみていました。

姉の活動に弟も参加している気持ちである。

それからろうかのおそうじができて、ひでぶみちゃんをあそんでやりました。かざぐるまをまわしてやると、わらいました。下のはが二本みえました。小さなはでまっしろでした。

小学校二年生の姉は、洗濯をうけもつ。十五円のせっけんを買いにゆき、たらいと洗濯板でまず自分の洋服、二番目にお母さんの服、三番目に弟のおむつを洗っていると、お母さんがきて、

「ありがとう。てつだってあげよう」

と交替する。

一九四八年にあったこの風景は、生きつづけるために、一家が力をあわせて生きる毎日である。

それから五十五年たった今日から見て、電気掃除機もなく、洗濯機もなく、テレビもな

い。これらの点では進歩があった。それは異論のないところである。しかし、その進歩は、退歩でもあったのではないか。

今、私たちの日本には、それだけのやすらぎのある毎日があるだろうか。

戦争中に陸軍が発行したパンフレットにあるように、戦争は文明の母で、戊辰戦争から日清戦争、日露戦争、大東亜戦争と、文明の進歩はたしかにあった。それは、そのころの日本陸軍の言ったとおりだろう。

戦争文明の進歩の終ったあと、敗戦のあとのやすらぎが、しばらく日本人に広く共有された。時代の気分が、このこどもたちの絵日記にある。私たちはそのころ、生きていることをたのしんだ。

ふたたび文明の進歩に恵まれた一九五五年以後の高度成長期にない気分がそこにある。

やがて、おなじ東京で、こどもたちの一番よく母親からきく言葉は、「早く、早く」になった。

「早くごはんを食べなさい。早く学校に行きなさい。早く塾に行きなさい。早く宿題をして。早く寝なさい。」

おなじころ、小学校五年生と六年生に、一日のうちで一番たのしい時間をたずねたところ、「寝ているとき」という答えが一番多かった。

この姉と弟の絵日記には、ちがう時間が流れている。

前の絵日記では、姉におぶわれて、背中でねている弟が、一年生になった。その毎日も、たのしそうだ。

えのもとくんとぼくとかみしばいをみにいきました。かみしばいは「くらまてん

ぐ」でした。おもしろかったです。はやしのところでやりました。

家には、すきま風が吹いていた。それは物理的事実。

きょう、しょうじをはりました。ぼくがこんどやぶったらさくらです。おねえさんはもものはなです。おにいさんがやぶったらききょう、おかあさんがもみじです。おとうさんはきくです。そうゆうふうにきめました。ぼくはいっかいやぶったのでさくらをはりました。

今日の日本の家には別の意味でのすきま風が吹いているのではないか。

絵日記には父親との野球をたのしむところがあり、相撲をたのしむところもある。やがて一九五五年以後の景気上昇をになう父親には、こどもと野球や相撲をたのしむ時間はなくなってゆく。

姉弟の絵日記には、今を再考するいとぐちが見える。敗戦からの五十五年、結核の死亡率は低くなった。ハンセン病は不治でなくなり、この医学上の事実に半世紀おくれて、政府がめざめた。すでに回復して伝染力をもたない患者の隔離は打ちきられた。

そのことをありがたいと認めた上で、私たちの日本はここからどこに行くのか。

あそびにっき

谷川俊太郎

きょうはこいしとあそんだ
こいしをけっとばしてやった
ころがしてやった
ひろってこすってやった
はなのあぶらをつけてみがいてやった
ポケットのなかでにぎってやった
あきたからかわへほうってやった
ぽちゃんといった

きょうはみずとあそんだ
みずをじゃあじゃあだしてやった
たらたらたらしてやった
ぴゅんぴゅんはねかしてやった
みずはつめたくてすきとおっていた
きらきらひかった
のどがかわいたからのんでやった
おいしかった

きょうはともだちとあそんだ
ともだちはぼくをおした
ぼくはともだちをつっころがした
にげたらおっかけてきた
ぐるぐるまわったらめがまわってふらふらした
ふたりではあはあしながらわらった
いつのまにかゆうがたになっていた
いちばんぼしをみつけた

きょうはぜんぜんあそばなかった
だいたいいちにちじゅうべんきょうしていた
でもこころのなかではすこしあそべた
こころのなかでぼくはもうおとなだった
おとなだからいっしょけんめいはたらいた
かちょうにほめられたぶちょうにほめられた
だけどかかりちょうはぼくをけなした
ぼくはやけになってよっぱらった

『みんなやわらかい』大日本図書　一九九九年

えにっき
第二学年うめ組
なまえ
もり　よしこ

【絵日記／一九四八（昭和二十三）年六月十五日〜七月四日　農繁期休み／七月二十一日〜八月三十一日　夏休み　より】
愛知県碧海郡安城町立安城中部小学校　二年生　もり　よしこ

＊農繁期休み＝のうやすみ：田植えの時期のお休み

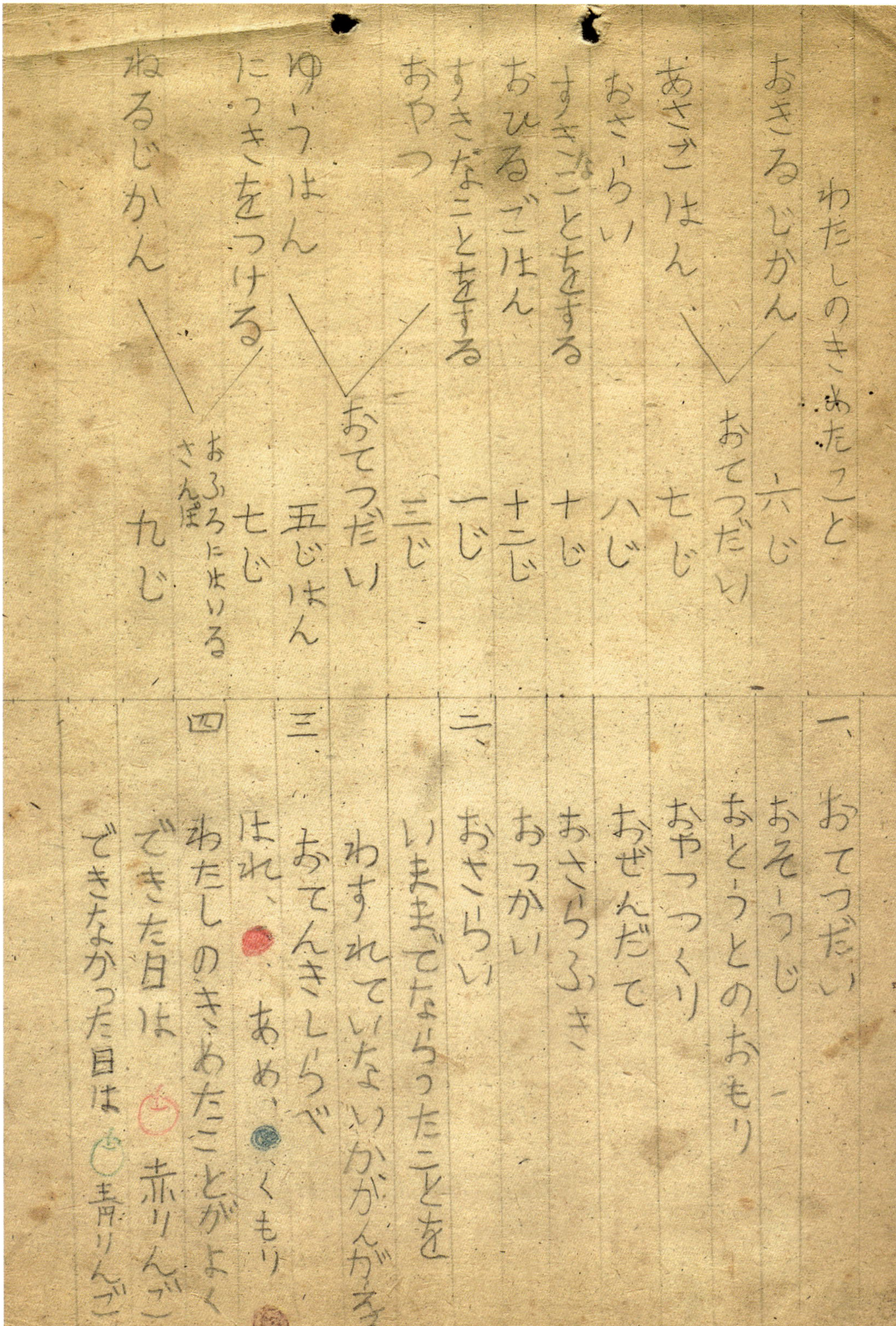

わたしのきめたこと

おきるじかん　六じ
あさごはん　七じ
おさらい　八じ
すきごとをする　十じ
おひるごはん　十二じ
すきなことをする　一じ
おやつ　三じ
おてつだい
ゆうはん　五じはん
にっきをつける　七じ
おふろにはいる
さんぽ
ねるじかん　九じ

一、おてつだい
おそうじ
おとうとのおもり
おやつつくり
おぜんだて
おさらふき
おつかい

二、おさらい
いままでならったことを
わすれていないかがんがえ

三、おてんきしらべ
はれ、　あめ、　くもり

四　わたしのきめたことがよく
できた日は　赤りんご
できなかった日は　青りんご

六月十五日
きょうは一じからこどもかいをしました。おみやさんでしました。まだみんながあつまらなかったのでわたしときみちゃんとれいこちゃんとかとうさんと、にんぎょうごっこをしていると、みんながきて「さあこどもかいをはじめます」とはんちょうのないとうさんがおっしゃいました。そして、たなかねさんがもってきてくださったかみしばいをみせてくださいました。それは白うさぎっと赤おにのかみしばいでした。それから、にじゅうのとびらをしました。（うらにつづく）
二十のとびらにかねはなりませんでしたか。大へんおもしろそうですね。

【一九四八（昭和二十三）年　六月十五日】

こどもかい：一年生から六年生まで、地域ごとに、神社や寺院の境内に集まり、ゲームやおゆうぎをして遊びました。上級生や、高校生のお兄さん、お姉さんが紙しばいを見せて下さったり、勉強を教えて下さいました。

【一九四八（昭和二十三）年　六月十五日・つづき】　二十の扉：昭和二十二年より始まったＮＨＫラジオのクイズ番組です。回答者が、ゲストに「それは鉱物ですか。植物ですか。動物ですか。」の質問から始め、二十の問いの中で正しい答えをみつけるという家族みんなで楽しんだ人気番組でした。

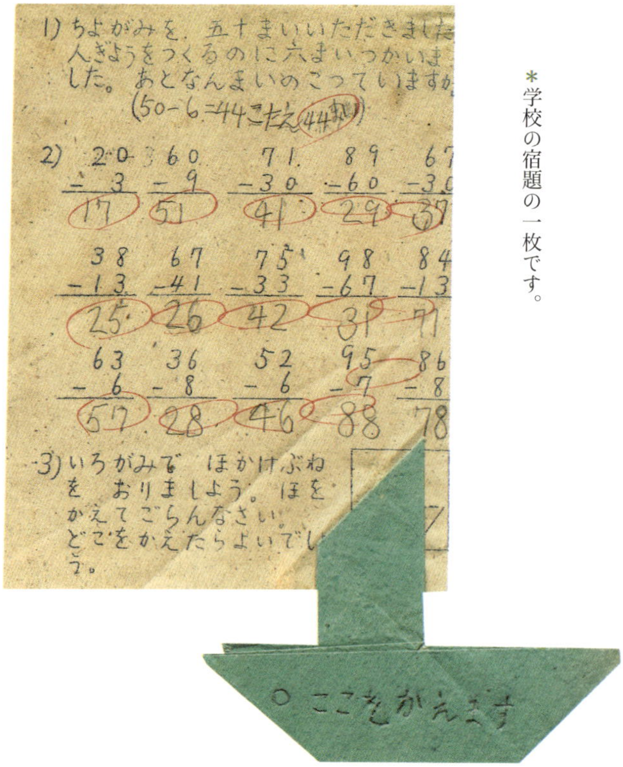

1) ちよがみを 五十まいいただきまし
人ぎようをつくるのに六まいつかいま
した。あとなんまいのこっていますか
(50−6=44こたえ44まい)
2) 20−3=17　60−9=51　71−30=41　89−60=29　67−30=37
38−13=25　67−41=26　75−33=42　98−67=31　84−13=71
63−6=57　36−8=28　52−6=46　95−7=88　86−8=78
3) いろがみで ほかけぶね を おりましょう。ほを かえてごらんなさい。どこをかえたらよいでし
ょう。
○ここをかえます

＊学校の宿題の一枚です。

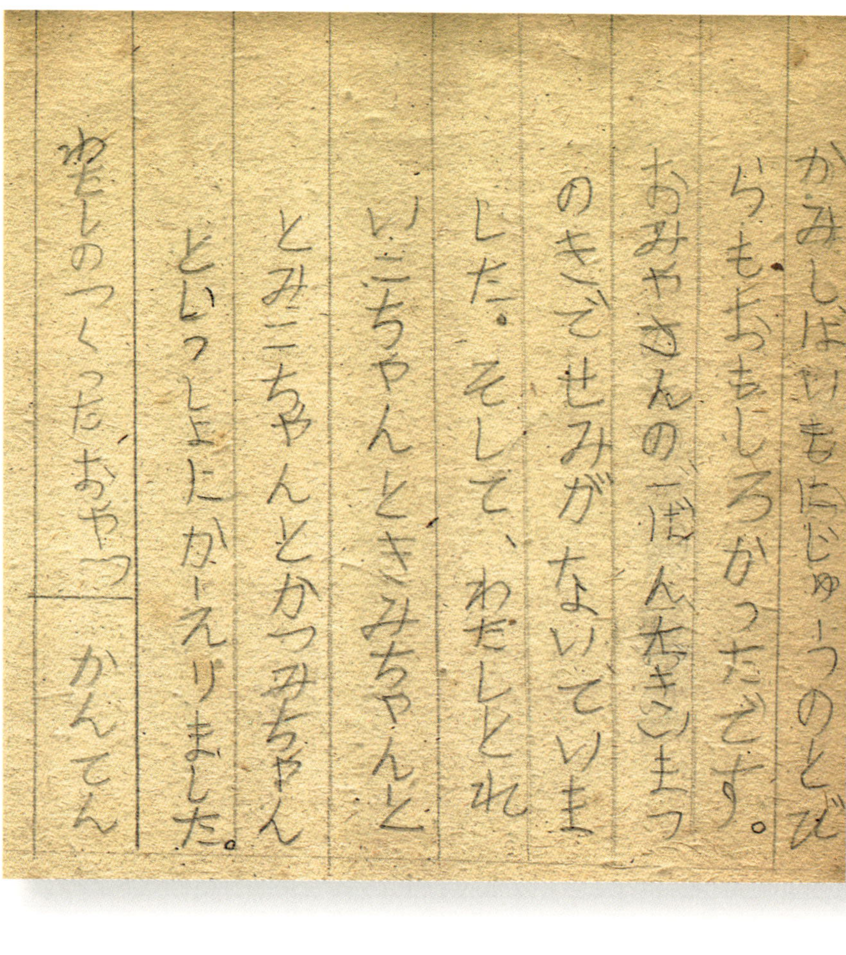
かみしばいもにじゅうのとび
らもおもしろかったです。
おみやさんの一ばんおきいまつ
のきでせみがないていま
した。そして、わたしとれ
いこちゃんとときみちゃんと
とみこちゃんとかつみちゃん
といっしょにかえりました。
わたしのつくったおやつ
かんてん

【一九四八（昭和二十三）年　六月十七日】七歳年下（生後十ヵ月）の弟のおもりは、きめられたお手伝いでした。毎日、おんぶをして、電車をみせにいきました（9ページのえにっき表紙絵）。おやつ作りも手伝いました。

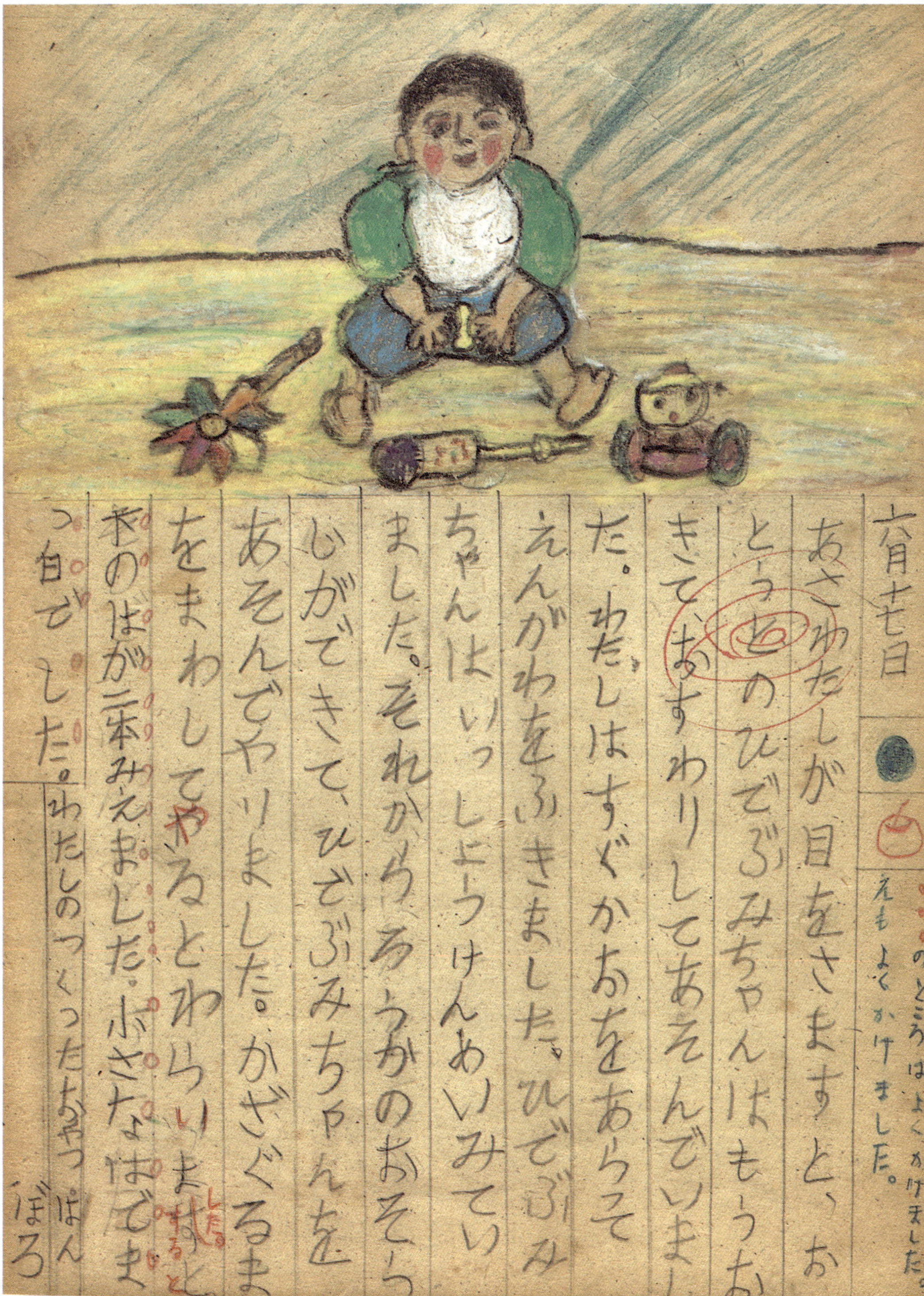
六月十七日
あさわたしが目をさますと、おとうとのひでぶみちゃんはもうおきておすわりしてあそんでいました。わたしはすぐかおをあらってえんがわをふきました。ひでぶみちゃんはいっしょうけんめいみていました。それからろうかのおそうじができて、ひでぶみちゃんをあそんでやりました。かざぐるまをまわしてやるとわらいました。下のはが二本みえました。小さなはでまっ白でした。
わたしのつくったおやつ　ぱん　ぼろ
……のところはよくかけました。
えもよくかけました。

＊ぱん＝なべで作った蒸しぱん　ぼろ＝農家の方からいただいた、お餅を小さく切って干したものをふたつきの金あみでいったものです。

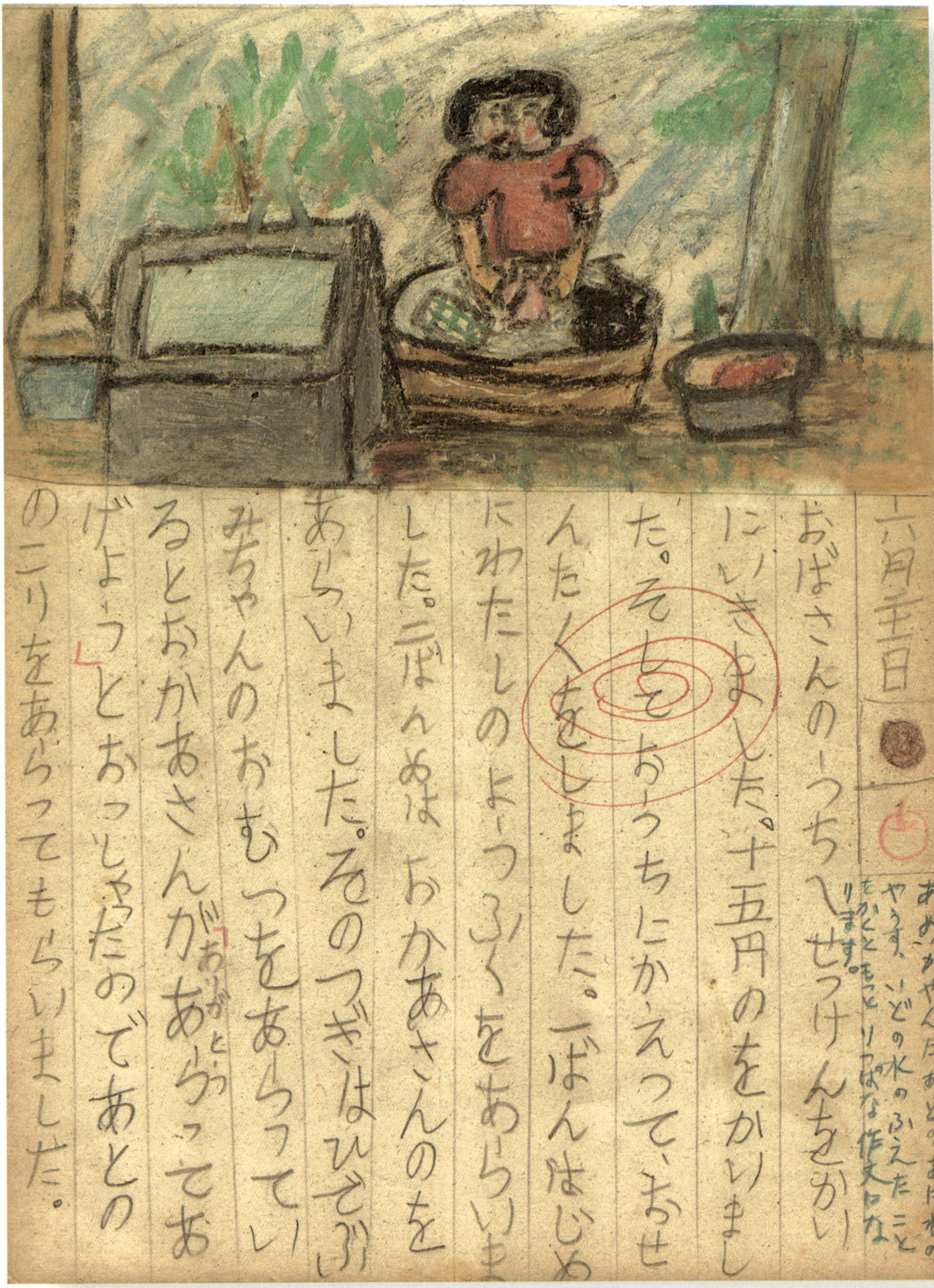
六月二十一日

おばさんのうちへせっけんをかいにいきました。十五円のをかいました。それをおうちにかえって、おせんたくをしました。一ばんはじめにわたしのようふくをあらいました。二ばんめはおかあさんのをあらいました。そのつぎはひでぶみちゃんのおむつをあらっているとおかあさんが「ありがとう」あらってあげようつとおっしゃったのであとののこりをあらってもらいました。

あめがやんだあとのおにわのようす、いどの水のふえたことをかくともっとりっぱな作文になります。

【一九四八（昭和二十三）年　六月二十一日】

庭のつるべ井戸からたらいに水をくみ、洗濯板を使い、固形せっけんで洗濯をしました。

【一九四八（昭和二十三）年　六月二十九日】

六月二十九日

このごろ、のうやすみなので、わたしは、まいにち、ろうかをふいています。それで このごろは、ろうかが光ってきました。まどがうつっています。そのときおかあさんが「よしこちゃんも、もうすぐうつりますよ。」とおっしゃいました。わたしは、もっともっと、きれいにふいてかがみみたいにしたいと思いました。

よしこさんのおそうじがよくできますので　ろうかが光って　とてもきもちがよいと　うちじゅうでよろこんでいます。

のうやすみ：当時、日本のデンマークといわれた安城は、水田のひろがる稲作地帯で、田植えの時期には学校はお休みになりました。子どもたちもいろいろなお手伝いにあけくれました。

＊身内の人に対しても、敬語を使って表現しました〈おっしゃいました。等〉。

【一九四八（昭和二十三）年　七月一日】
食卓のおかずに魚が並ぶことは稀でした。

ひらのや＝魚屋の名前　はまいかり＝薬屋の名前　きんぎょや＝駄菓子屋の名前です。

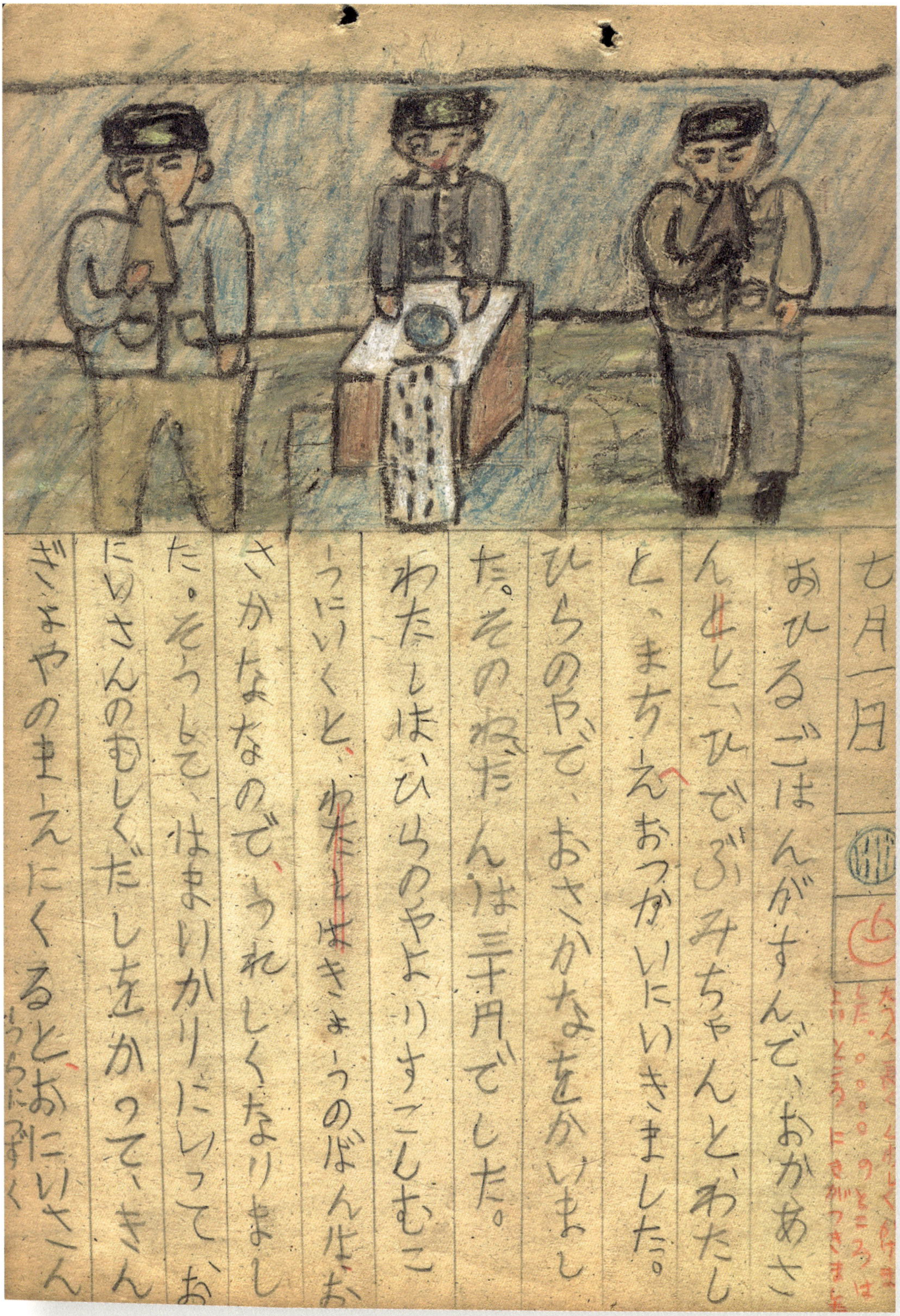
七月一日
おひるごはんがすんで、おかあさ
んとと、ひでぶみちゃんと、わたし
と、まちえんおつかいにいきました。
ひらのやで、おさかなをかいまし
た。そのねだんは三十円でした。
わたしは、ひらのやよりすこしむこ
うにいくと、わたしはきょうのばんはお
さかななので、うれしくなりまし
た。そうして、はまいかりにいって、お
にいさんのむしくだしをかって、きん
ぎょやのまえにくるとおにいさん

たいへん美しくかけました。○○○○のところは
よいところにきがつきました

たちが四人ぐらいでしてい
ました。三人の人がふくい
けんの人たちがじしんでお
うちや、なにがなりから、
おかねをあげるんですから
くださいといっていらっしゃ
いました。わたしは、十円あげ
ました。そうすると、おたいさ
んたちが「ありがとう」とおっ
しゃいました。そしておとう
ちにかえって。五円のあめを
かいました。わたしはあとから
それだけふくいけんの人たち

にあげたらよかっただとおもい
ました。そうするとおかあさ
んがひでぶみちゃんのおかしを
うかっていらっしゃいとおっしゃっ
たので、いよいくんとあうち
たいってかってきました。わたしのき
いまいくんとこでかいました。し
らんうちたたべていました。そ
うすると、なおこちゃんとあ
さこちゃんがあそびましょう
といってきたのでわたしは
あそびました。おたんぎょう
ごっこをしてあそびました。

＊福井大地震：昭和二十三年六月二十九日福井県地方は大地震におそわれました。

【一九四八（昭和二十三）年　七月二十二日】

日常のさまざまな事柄に対して人々が自分の意見をよせました。

わたくしたちのことば：NHKラジオで朝六時四十五分から七時まで放送された番組です。

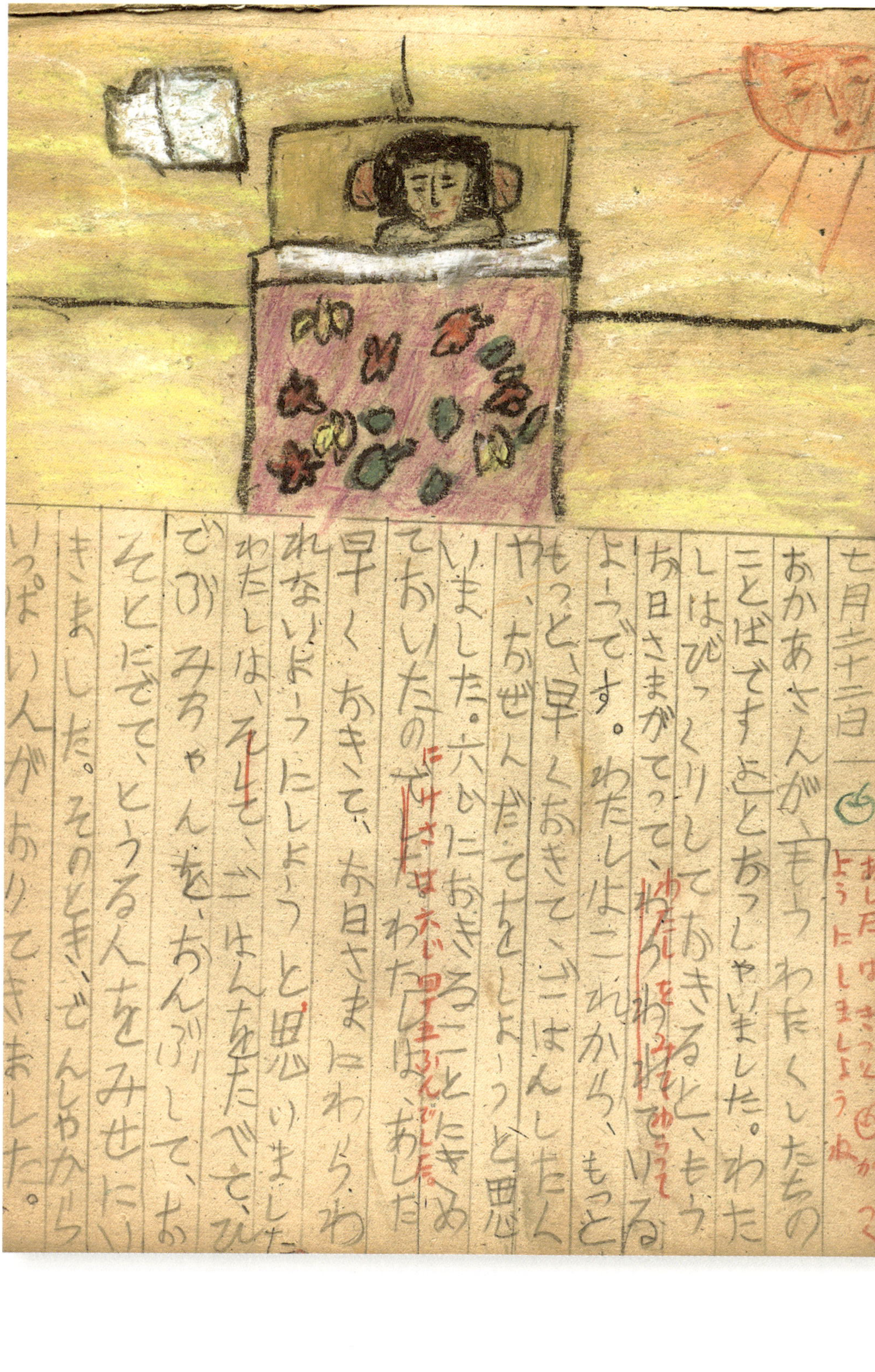
七月二十二日

おかあさんが、もうわたくしたちの
ことばですよとおっしゃいました。わた
しはびっくりしておきると、もう
お日さまがでっていて、わらわれている
ようです。わたしはこれから、もっと
もっと、早くおきて、ごはんしたく
や、おぜんだてをしようと思
いました。六じにおきることにきめ
ておいたので、わたしは、あした
早くおきて、お日さまにわらわ
れないようにしようと思いました
わたしは、それで、ごはんをたべて、び
でびみちゃんを、おんぶして、お
そとにでて、とうる人をみせにい
きました。そのとき、でんしゃから
いっぱい人がおりてきました。

早起き時計

作詞　富原薫／作曲　河村光陽

ちっ く たっ く ちっ く たっ く ぼー ん ぼん おはよう
おはよう よがあけた きれいな あさだよ
とびおきろ とけいが なってる よんでい
る ちっ く たっ く ちっ く たっ く ぼー ん ぼん

1ちっくたっく　ちっくたっく
ぼーん　ぼん
お早う　お早う　夜があけた
きれいな朝だよ　とび起きろ
時計がなってる　よんでいる
ちっくたっく　ちっくたっく
ぼーん　ぼん

2ちっくたっく　ちっくたっく
ぼーん　ぼん
お早う　お早う　元気だな
早起きする子は　丈夫な子
ちゅんちゅく　すずめも　よんでいる
ちっくたっく　ちっくたっく
ぼーん　ぼん

たなばたさま

作詞　権藤はなょ・林柳波／作曲　下総皖一

mf
さ さ の は さ ら さ ら の き
ば に ゆ れ る お ほ し さ ま
き ら き ら き ん ぎ ん す な ご

1ささの葉さらさら
のきばにゆれる
お星さまきらきら
きんぎん砂子

2五しきのたんざく
わたしがかいた
お星さまきらきら
空からみてる

【一九四八（昭和二十三）年　八月十一日】

安城では、月おくれにするのが習慣でした。

家の裏の竹やぶから大きな竹の木を一本切ってきて、従妹たちと色紙で作ったいろいろな飾りをつけました。

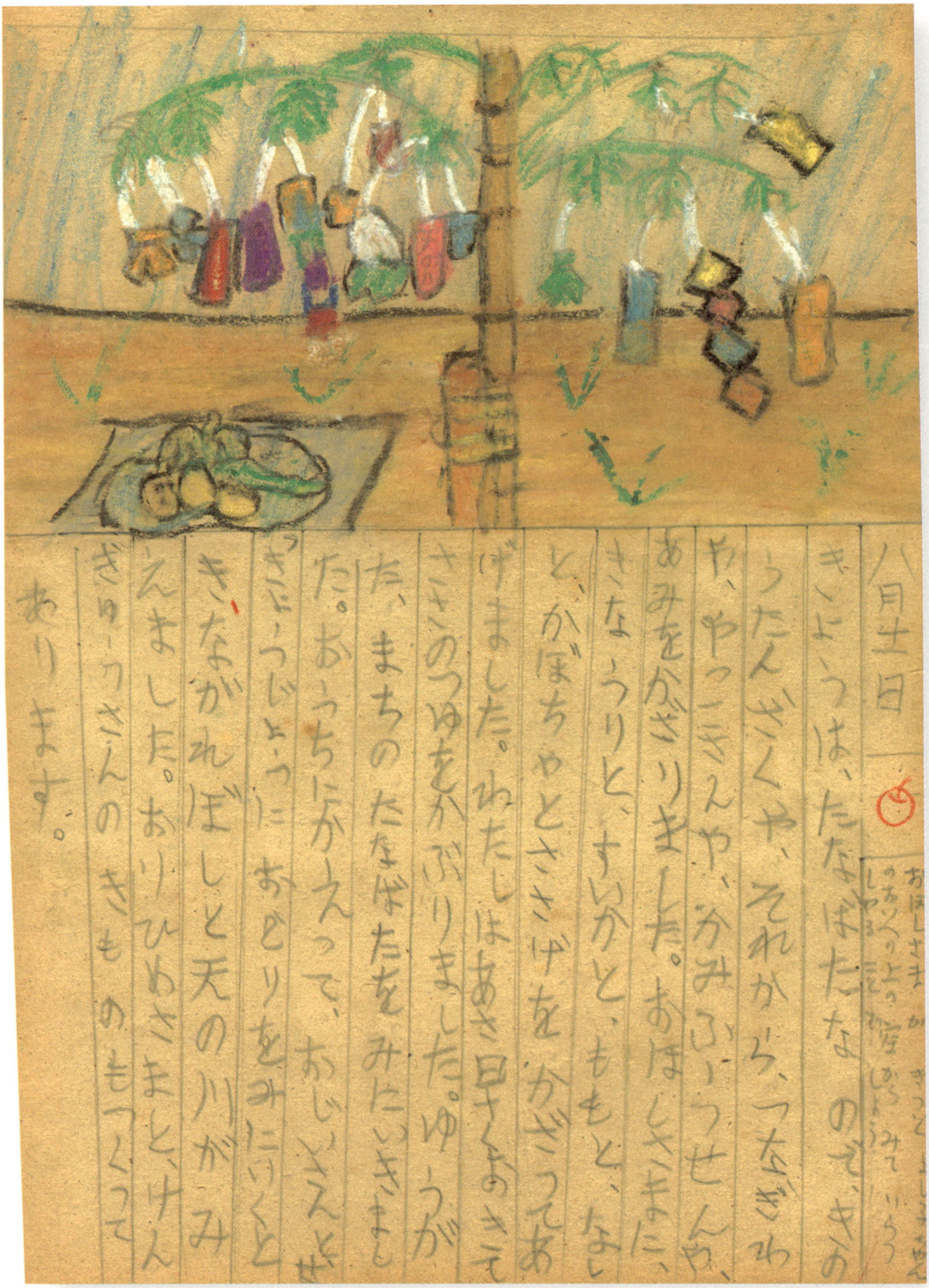
八月十一日
きょうは、たなばたなので、きのうたんざくや、それから、つなぎわや、やっこさんや、かみふうせんや、あみをかざりました。おほしさまに、きなうりと、すいかと、ももと、なしと、かぼちゃとささげをかざってあげました。わたしはあさ早くおきてささのつゆをかぶりました。ゆうがた、まちのたなばたをみにいきました。おうちにかえって、おじいさんとせっきょうじょうにおどりをみにいくときながれぼしと天の川がみえました。おりひめさまと、けんぎゅうさんのきものもつくってあります。

*せっきょうじょう（説教場）：宗教の教えを説き聞かせる場所です。

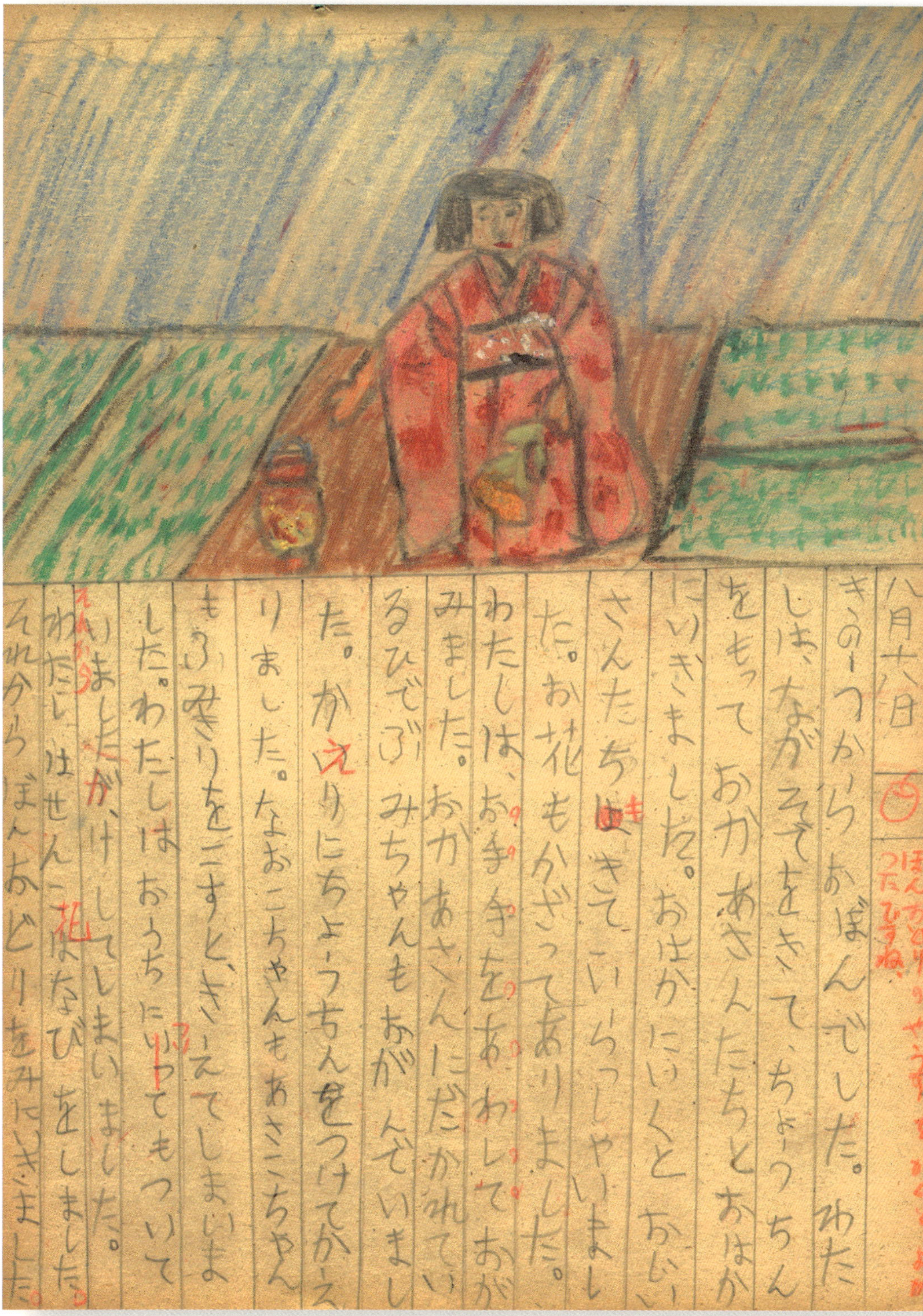
八月十八日
きのーつから おぼんでした。わたしは、ながそでをきて、ちょーうちんをもって おかあさんたちと おはかにいきました。おはかにいくと おじいさんたちもきて いらっしゃいました。お花もかざってありました。わたしは、お手手をあわしておがみました。おかあさんにだかれているひでぶみちゃんもおがんでいました。かえりにちょーうちんをつけてかえりました。なおこちゃんもあさこちゃんもふみきりをこすと、きえてしまいました。わたしはおうちにかへってもついていましたが、けしてしまいました。わたしはせんこ花はなびをしました。それからぼんおどりをみにいきました。
ぼんおどりのようすをかくとよかったですね。

【一九四八（昭和二十三）年　八月十八日】子供たちは、ゆかたを着、花や金魚など色とりどりの可愛らしい絵のついた小さな提灯を手に、お墓参りをしました。

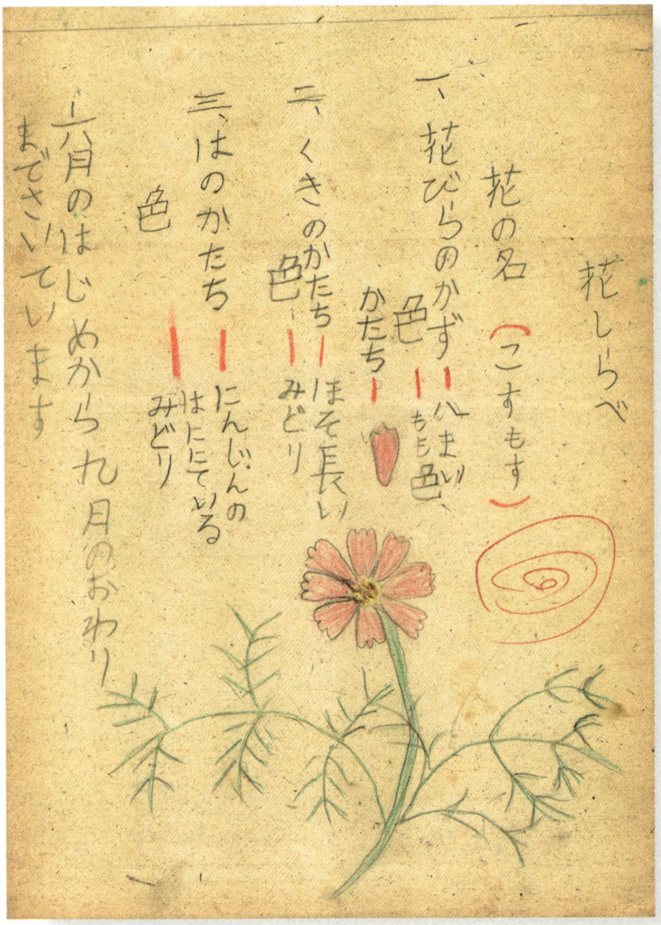

花しらべ

花の名（こすもす）

一、花びらのかず＝八まい、
色＝もも色
かたち＝

二、くきのかたち＝ほそ長い
色＝みどり

三、はのかたち＝にんじんのはににている
色＝みどり

六月のはじめから九月のおわりまでさいています

＊自由研究で、こすもすの花を観察しました。

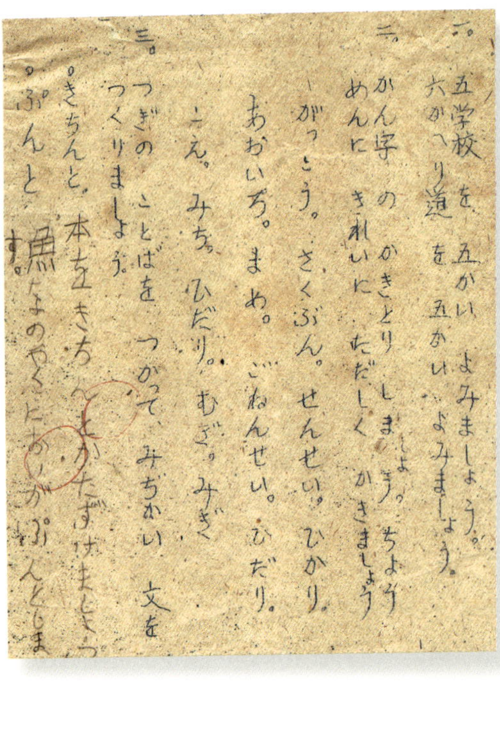

一、五学校を五かいよみましょう。
六かへり道を五かいよみましょう。

二、かん字のかきとりしましょう。ちょうめんにきれいにただしくかきましょう
がっこう。さくぶん。せんせい。ひかり。
あおいそら。まめ。ごねんせい。ひだり。
こえ。みち。ひだり。むぎ。みぎ。

三、つぎのことばをつかってみぢかい文をつくりましょう。
きちんと。本をきちんとかたずけましょう。
ぷんと。魚をやくにおいがぷんとします。

＊学校の宿題の一枚です。

ぼくら

谷川俊太郎

ぼくらあさをひっつかみ
ひるをころげまわって
よるととっくみあう
うそんきもほんきもごちゃまぜで
くもりときどきにわかあめのちはれ
ぼくらひみつのほらあなをぬけ
みえないどろんこにまみれ
つぎつぎにかいぶつをけし
シンセのときのこえをあげる
でもくやしいけれど
ぼくらすぐにおっさんになる
ひげをそりネクタイをしめ
じぶんをめいしにとじこめる

『子どもの肖像』　紀伊国屋書店　一九九三年

おに

谷川俊太郎

こどものころは
つのなんか　はえてなかった
ふさふさの　まきげだった
おにごっこして　あそんでた

ひとに　いじめられて
だんだん　つのが　はえてきた
だんだん　つめが　のびてきた
なくことも　わすれてしまった

『ふじさんとおひさま』　童話屋　一九九四年

えにっき
がつ
第一学年四組
なまえ
もり ひでぶみ

【絵日記／一九五四（昭和二十九）年七月二十一日～一九五五（昭和三十）年三月二十日 より】
東京都練馬区練馬区立北町小学校 一年生 もり ひでぶみ

◉えにっきちょうの　かきかた◉

一、このえ日きは　えと　ぶんの二つで　あなたのくらしを　先生にしらせてあげたり　のちのきねんに　とって　おくものです。

二、えのだいは　一日のうち　うれしかったこと　おもしろかったこと　かなしいったこと　などを　えらびましょう。

三、ぶんは　かんたんに　たいせつな　ことだけを　かきましょう。

四、まい日　かわったことを　さがして　えやぶんにするように　かんがえましょう。

五、あきずに　ていねいに　おわりまで　かきましょう。

六、ひょうしは　きれいな　えや　しゃしん　ちよがみざいく　などで　かざって　くださ い。

◉先生と父兄の方々へ◉

絵日記帳の持つ使命は　生活教育の立場から　低学年の子供には最も大事なもので　たとえ拙い絵であっても　子供たちの尊い記録であることを　まず認めてやってください。

然しともすればあきやすい　子供たちの学習でありますから　適当な指導と　激励により　尊い生活の記録たらしめるように　念願しています。

◇絵日記帳について　評価される場合の留意点

○絵に思想が　のびのびと　ひろがっているか

○生活内容が　ゆたかに　もられているか

○絵画的な　表現の技法は

○文の要点の　つかまえ方は

○もられた生活が　望ましい方向に向っているか

○この絵日記帳について　どれだけ真剣にとりくんだか

以上

8月13日 金ようはれてんき おつい きおん
ごはんたき
あさはやくおきてぼくがごはんたきをしました。うちわであおぐととてもよくもえてごはんがすぐできました。
ぼくたできるなんてとてもえらいですわ

【一九五四（昭和二十九）年　八月十三日】

台所の入口先で、石油缶をかまどに仕立て、ごはんをたきました。

8月 19日 木ようはれ てんき あつい きおん
やきゅう
うらでおとう
さんとぼくとやきゅ
うをしました。ぼく
がさきにうちました。
そしたらみんなさ
んしんでした。こん
どはおとうちゃんが
六てんいれました
こんどはぼくが九
てんいれて
りいどしてか
てしまいました。
じょうず じょうず。しっかりね。

【一九五四（昭和二十九）年　八月十九日】

戦後、占領軍が野球を奨励したことで、少年たちは野球に夢中になりました。

9月4日土よう
てんき(くもり)
えのもとくんとぼくとかみしばいをみにいきました。かみしばいはぐらまてんぐでした。おもしろかったです。はやしのとこでやりました。

【一九五四（昭和二十九）年　九月四日】紙しばいは、テレビに夢中になる昭和三十五年頃まで、小学生の娯楽の王座を占めていました。正義の剣士『鞍馬天狗（くらまてんぐ）』の活躍に、子どもたちは心をゆさぶられました。

9月11日土よう てんき(はれ)
おつきみだか
らおかあさん
とぼくとがあ
どのとこにす
すきをとりに
いきました。そ
したらはっぱが
たくさんあって
ほがすこしか
ありませんで
した。それだけ

【一九五四（昭和二十九）年　九月十一日】

子どもたちは、月にうさぎがすんでいると信じていました。

うさぎ

わらべうた

う さぎ うさ ぎ なにみて はね る
じゅうごや おつきさま みては ーーねる

うさぎ　うさぎ
なに見てはねる
十五夜お月さま
見てはねる

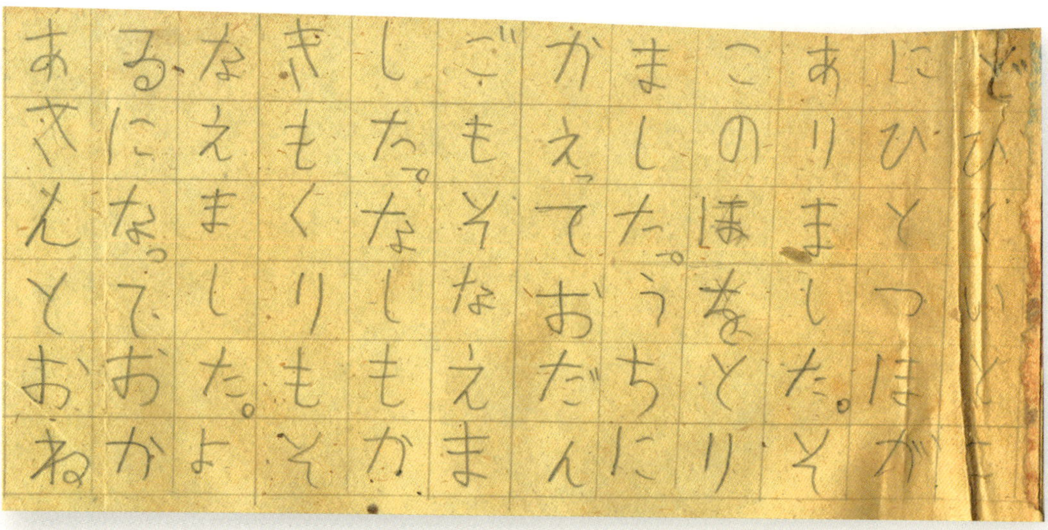
どびいとに
にひとつはが
ありました。そ
このほをとり
ました。うちに
かえっておだん
ごもそなえま
した。なしもか
きもくりもそ
なえました。よ
るになっておか
あさんとおね

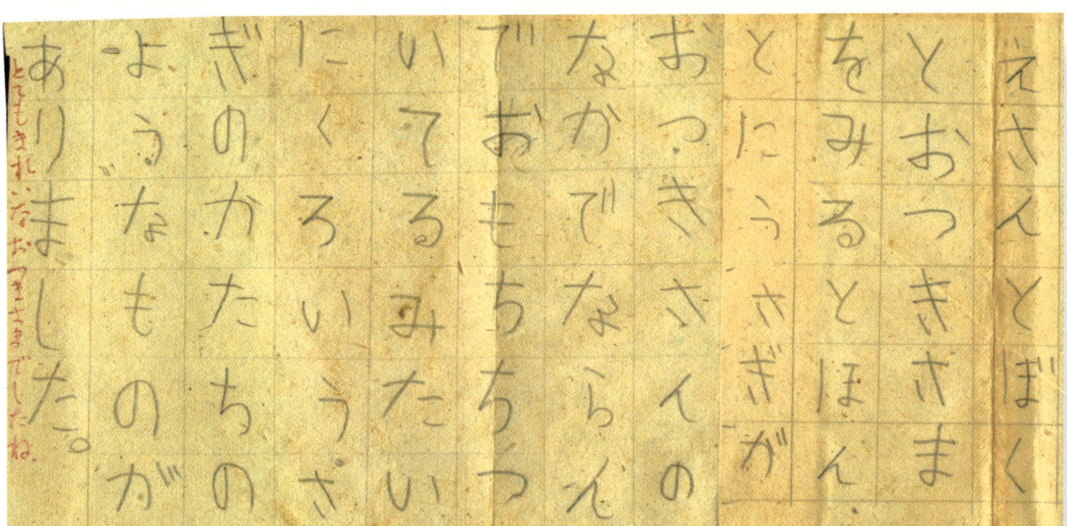
えさんとぼく
とおつきさま
をみるとほん
とにうさぎが
おつきさんの
なかでならん
でおもちちつ
いてるみたい
にくろいうさ
ぎのかたちの
ようなものが
ありました。
とてもきれいなおつきさまでしたね。

【一九五四（昭和二十九）年　九月二十八日】

障子（しょうじ）の小さい破れ穴は、いろいろな花の形にきりとった紙をはり、ふさぎました。

9月28日 火よう
てんき（あめ）
きょうしょうじをはりました。ぼくがこんどやぶったらさくらです。おねえさんはもものはなです。おにいさんがやぶったらききょう。おかおさんがもみじです。おとう

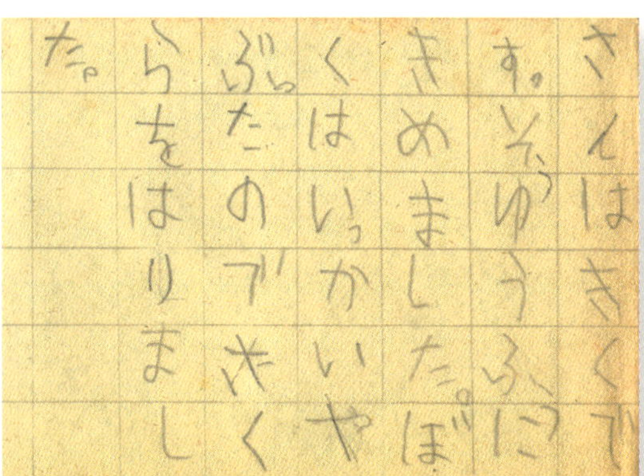
さんはきくです。そうゆうふうにきめました。ぼくはいっかいやぶったのできくらをはりました。

えにっき
第 一 学年 4 組
なまえ もりひでぶみ

10月5日火よう
てんき（はれ）
ちかこちゃんと
ぼくとうらに
いってぶどうみ
たいのをとって
きてせんめん
きをもってきて
あかいおしる
をつくりまし
たがきのきの
したでしまし
た。ぱなばたけ

【一九五四（昭和二十九）年　十月五日】お店屋さんごっこをしてよく遊びました。木の実、花びらを水の中でもみ、しぼり、色みずを作って、醤油（しょうゆ）といって売ったりしました。朝顔の花びらは、いろいろな色の水を作るのによい材料でした。

くぶをお
めてはこちもっ
てきてそのう
へにのせてう（朱書き：え）
りました。いち
ばんはじめは
ぼくとちかこ
ちゃんがうりや
さんでしたが
ちかこちゃんが
いやだという

のでぼくひと
りうりやさん
になりました。
ちかこちゃんが
あかいかいも
のさげをもって
きました。もう
ひとつのせん
めんきをもって
きてあかいし。
うゆうを五う（朱書き：ご）
かいました。あ

とやさいを十
円かいまし
た。こんどはみ
つよちゃんがせ
るどいろのみ（朱書き：ろ、ど）
かんのおかし
ばこに三ごう
がいました。や
さいはがわな
いでいきまし
た。

なかよくあそんでおりこうさんね。（朱書き）

＊一合（ごう）＝一八〇ｃｃ

10月8日（土よう）
てんき（あめ）
べんきょうをしてるとあめがふってきました。みんなのおばさんはかさをもってきてくださいますが、ぼくのおかあさんはもってきてくださいませ

【一九五四（昭和二十九）年　十月八日】置き傘、折りたたみ傘のない時代でした。雨がふってくると、お母さんやおうちの人がむかえにきてくれました。

あめふり

作詞　北原白秋／作曲　中山晋平

mf
あ め あ め ふ れ ふ れ か あ さ ん が
じゃ の め で お む か い う れ し い な
ピッ チ ピッ チ チャッ プ チャッ プ ラン ラン ラン

1あめあめ　ふれふれ　かあさんが
じゃのめで　おむかい　うれしいな
ピッチピッチ　チャップチャップ
ランランラン

2かけましょ　かばんを　かあさんの
あとから　ゆこゆこ　かねがなる
ピッチピッチ　チャップチャップ
ランランラン

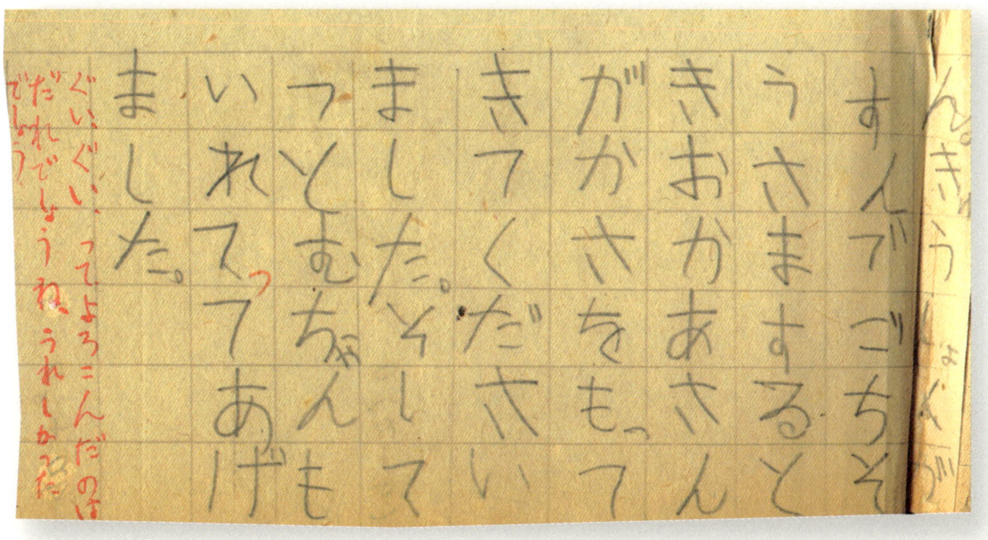
すんでごちそ
うさますると
きおかあさん
がかさをもって
きてください
ました。そして
つとむちゃんも
いれてってあげ
ました。
ぐいぐいってよろこんだのは
だれでしょうね。うれしかった
でしょう

10月17日 ようび
てんき（はれ）
おとうさんと
ぼくとねりま
のちゅうがくの
うんどうかい
をみにいきま
した。あんまり
つまらないの
でかえりまし
た。おとうさん
とぼくとある

【一九五四（昭和二十九）年　十月十七日】

母の手作りの小さな旗を、今でもおぼえています。バースデーケーキはまだない頃でした。

いてとしまえん
のほうのえき
へいきました。
せいぶせんで
いけぶくろに
いきました。にっ
しょうで「つるち
よのと「じょうね
んはにやのと
じごくてんご
くのちみまし
た。そしてぼく

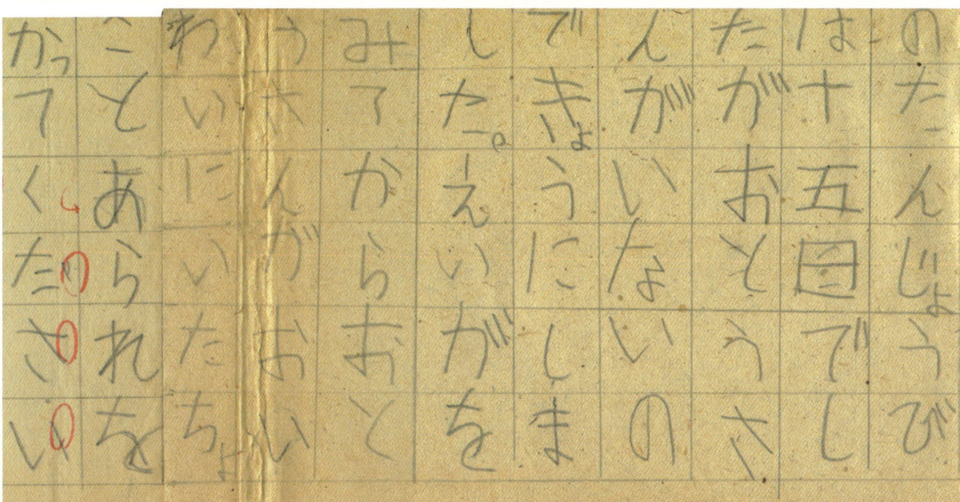

のたんじょうび
は十五回でし
たがおとうさ
んがいないの
できょうにしま
した。えいがを
みてからおと
うさんがおい
わいにいたちょ
ことあられちょ
かってくたさい

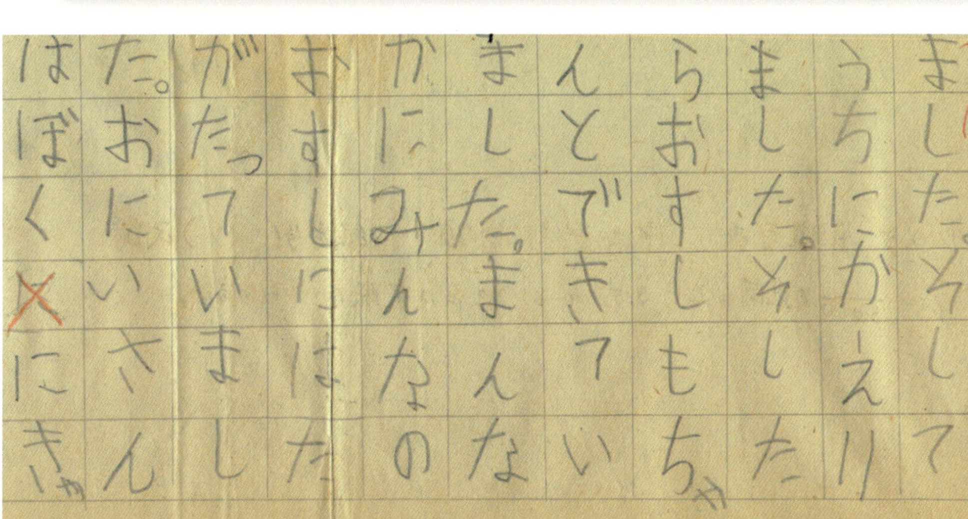

ました。そして
うちにかえり
ました。そした
らおすしもちゃ
んとできてい
ました。まんな
かにみんなの
おすしにはた
がたってまし
た。おにいさん
はぼく×にきゃ

＊にっしょう：「日勝」という映画館の名前です。当時唯一の娯楽といってよい映画に、よく連れられていきました。三本立で上映されていました。

【一九五四（昭和二十九）年　十月十七日・つづき】

お祝いにもらったキャラメルは、ふかしいも、さとうきび、とうもろこしなど自家製のおやつの時代に、とても貴重なお菓子でした。

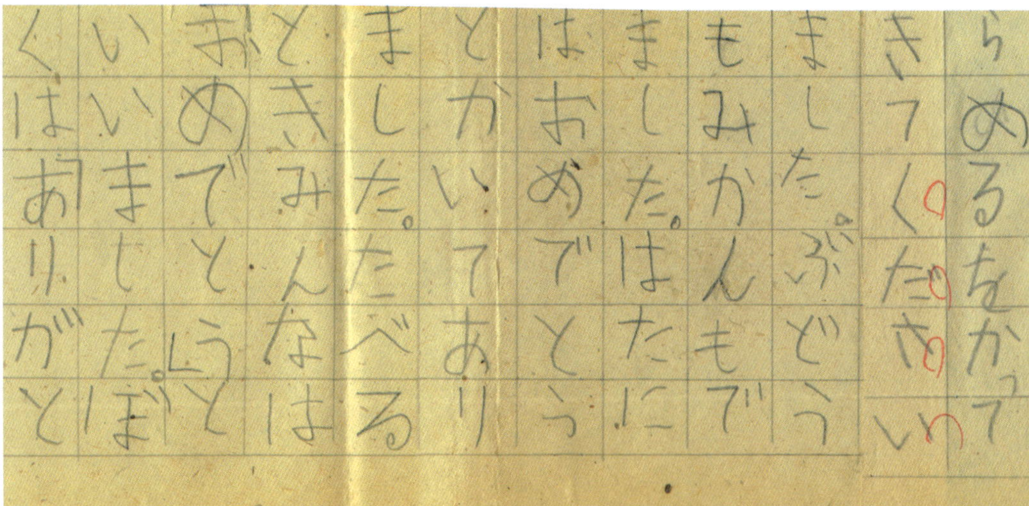

らめるをかって
きてください
ましたぶどう
もみかんもで
ましたはたに
はおめでとう
とかいてあり
ました。たべる
ときみんなは
おめでとうと
いいましたぼ
くはおりがと

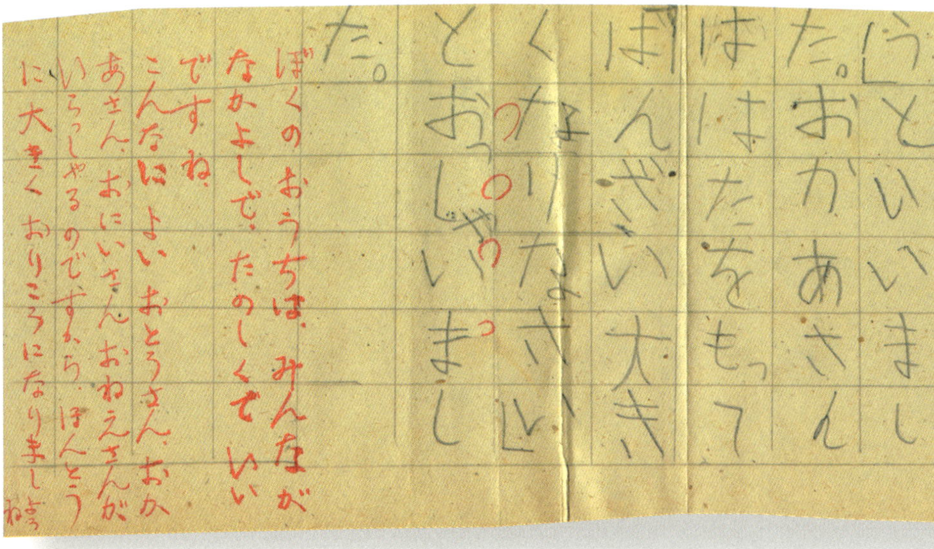

うといいまし
た。おかあさん
ははたをもって
ばんざい大き
くなりなさい
とおしゃいまし
た。
ぼくのおうちは、みんながなかよしで、たのしくていいですね。こんなによいおとうさん、おかあさん、おにいさんおねえさんがいらっしゃるのですから、ほんとうに大きくおりこうになりましょうね

11月8日 月よう
てんき（はれ）
せんせいとみ
んなでとくま
るにいきまし
た。とくまるに
ついてからぱ
んにじゃむをつ
いたのをもって
ていとくまるに、
ついてからす
ぐぱくをたべ
ました。

【一九五四（昭和二十九）年　十一月八日】

とくまる：徳丸たんぼの地名です（現在、板橋区にある高島平団地となりました）。稲刈りの終わったたんぼは、子どもたちの楽しい課外授業の場所でした。そこで食べたいちごジャムのはさんであるコッペパンは、特別おいしかったです。

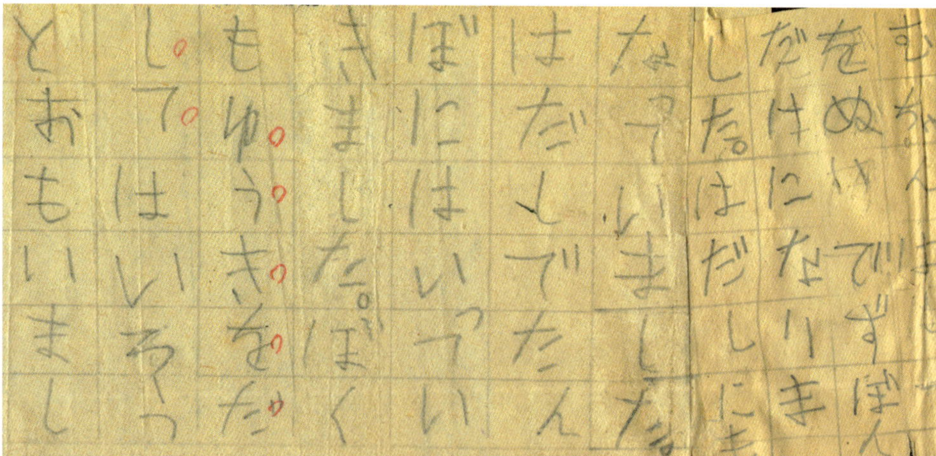
むちゃんはし
をぬけでずぼん
だけになりき
した。はだしにも
なっていました
はだしででたん
ぼにはいってい
きました。ぼく
もゆうきをだ
してはいろっ

とおもいまし

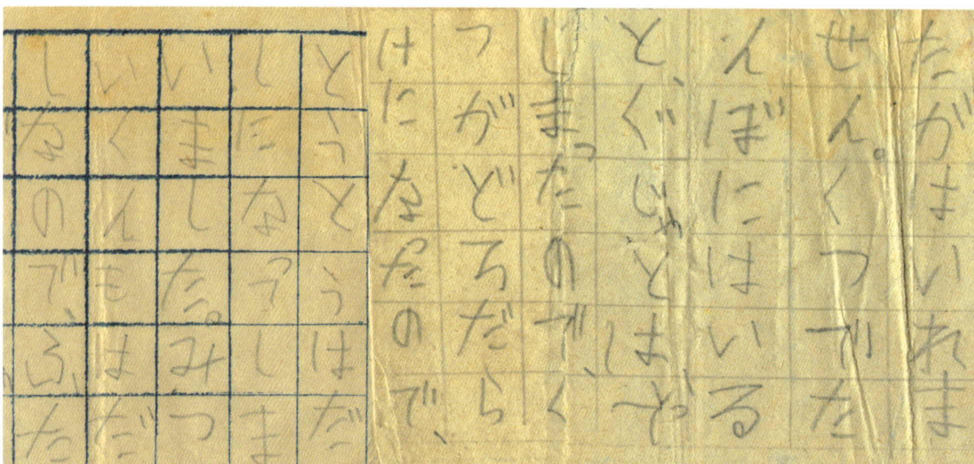
たがはいれま
せん。くつでた
んぼにはいる
と、ぐじゅとはぞっ
しまったのでく
つがどろだら
けになったので、
とうとうはだ
しになってしま
いました。みつ
いくんもはだ
しなので、ふた

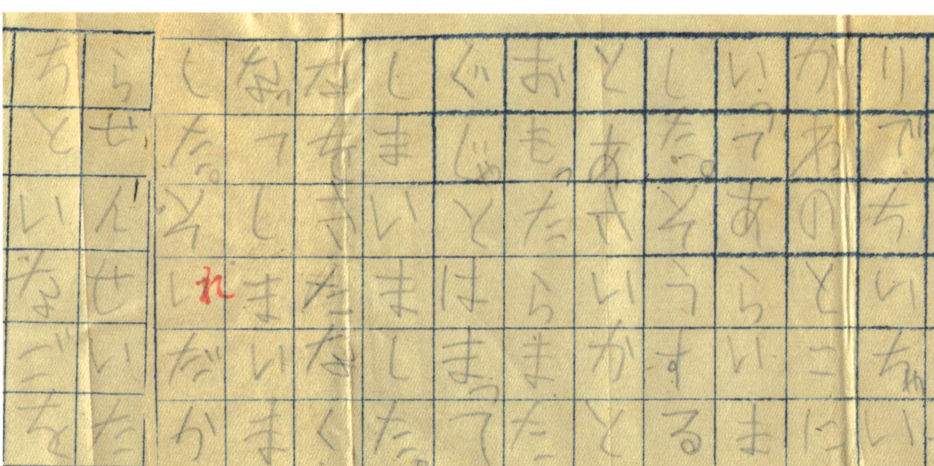
りでちいちゃい
かれのとこに
いってあらいま
した。そうする
とあさいかと
おもったらまた
ぐじゃとはまって
しまいました。
なをきたなく
なってしまいま
した。そ（れ）いだか
らせんせいた
ちといなごを

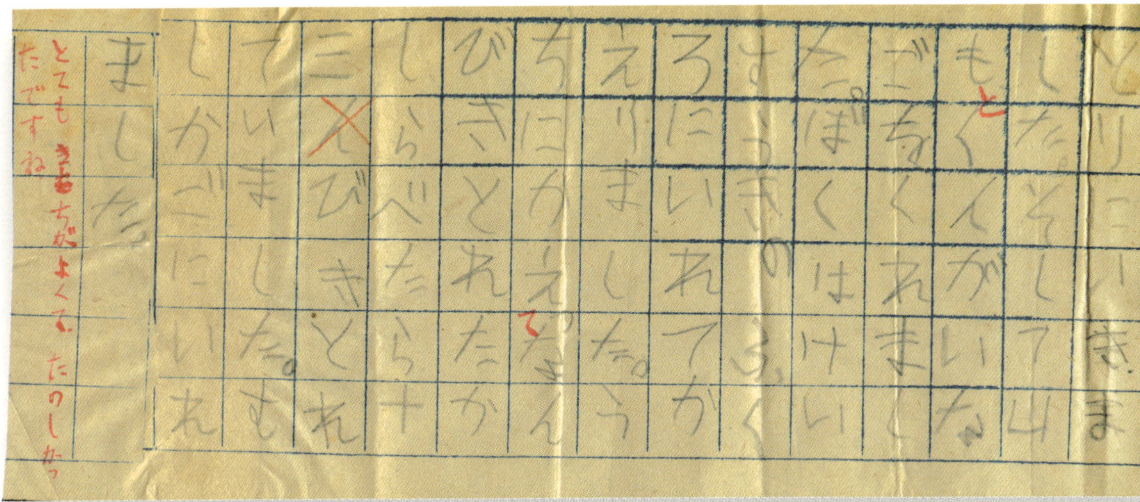

とりにいきました。そして4もとくんがいなごをくれました。ぼくはけいすうきのふくろにいれてかえりました。うちにかえってなんびきとれたかしらべたら十三びきとれていました。もしかごにいれました。

とても きもちがよくて たのしかったですね

＊けいすうきのふくろ：
ものさしや三角定規を入れたもめんの白い袋です。

11月10日水よう
(せん)てんき(はれ)
もうせんせい
たちと、くくま
るにいっていな
ごをとったのを
きょうのよるは
ねとあしをとっ
てくしにさし
てでんねつで
やきました。す
ごくいいにお

【一九五四（昭和二十九）年　十一月十日】

稲刈りをした田んぼに、よくいなごをとりに行きました。たいせつなおかずとして食卓にのりました。

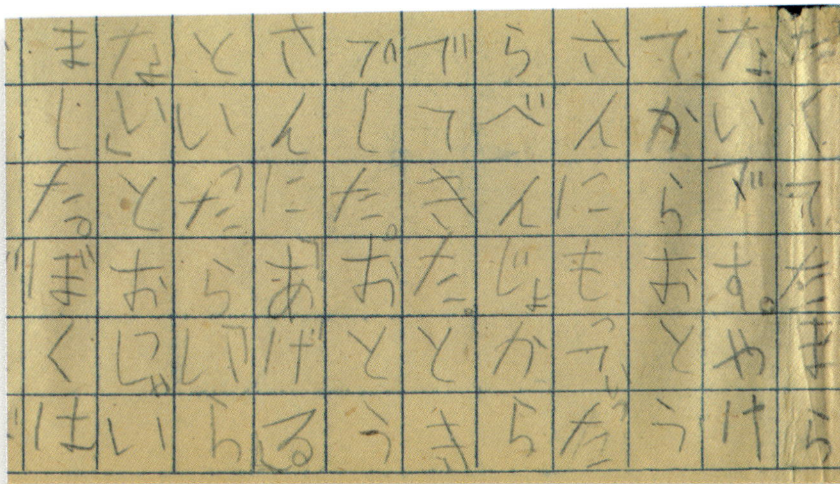
だくてたまら
ないです。やけ
てからおとう
さんにもってった
らべんじょから
でてきたとき
ぶした。おとう
さんにあげる
といったらいら
ないとおじい
ました。ぼくは

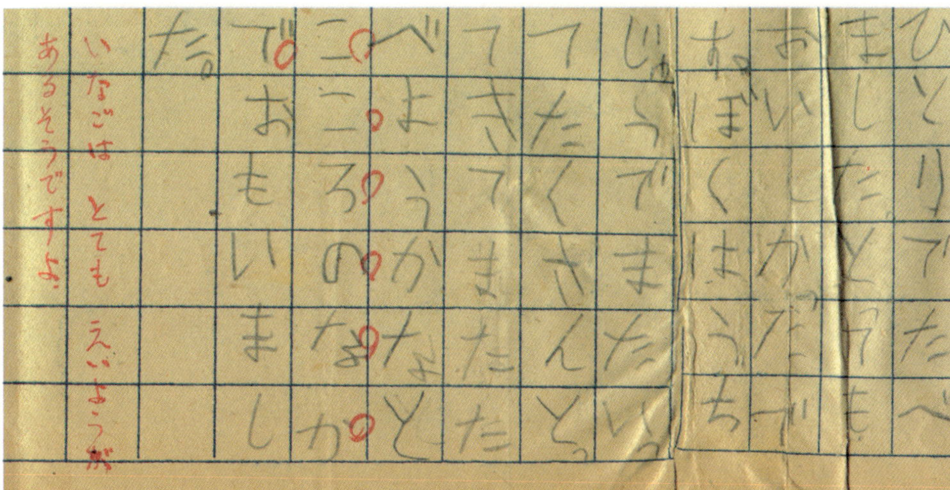
ひとりでたべ
ましたでも
おいしかった
わぼくはうち
じゅうでまたいっ
てたくさんとっ
てきてまたた
べようかなと
こころのなか
でおもいまし
た。

いなごは　とても　えいようが
あるそうですよ。

11月12日
てんき(はれ)
ぼくががっこう
からかへってみ
るとまひとちゃ
んがまっていま
した。ぼくがど
るのとしいたら
おかあさんが
いないといい
ましたぼくは
どこにいったの

【一九五四（昭和二十九）年 十一月十二日】 まひとちゃんは、一歳年下の従弟です。昭和二十六年四月、禁止されていた時代劇が上映を許されました。時代劇ブームに刺激され、チャンバラあそびばかりしていました。『義経物語』が大好きでした。

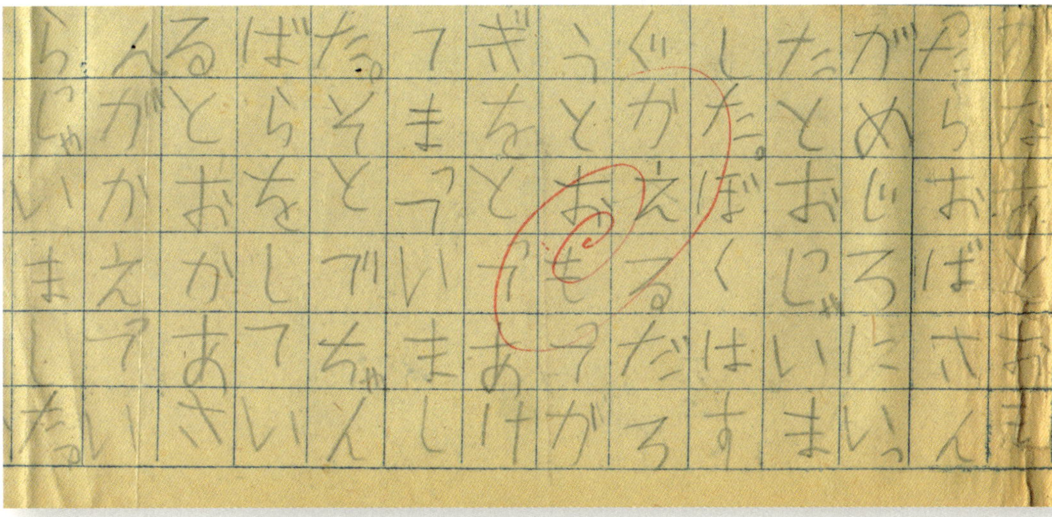

ったらおばさんがめじろにいった。とおじゃいました。ばくはすぐかえるだろうとおもてがぎをとであけてまついました。そとでちゃんばらをしているとおかあさんがかえていらじゃいました。

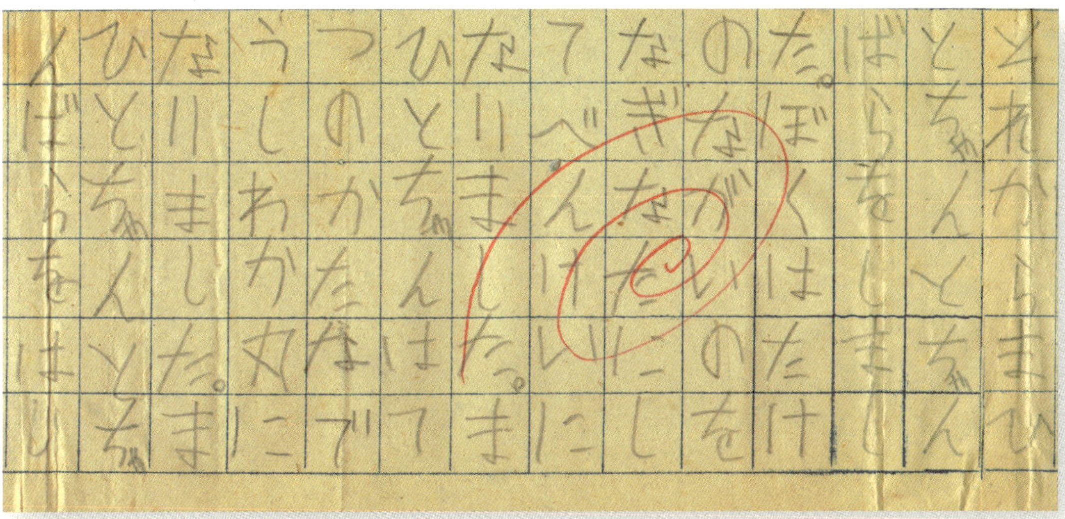

それからまひとちゃんとちゃんばらをしました。ぼくはたけのながいのをなぎなたにしてべんけいになりました。まひとちゃんはてつのかたなでうしわか丸になりました。まひとちゃんとちゃくばらをはじ

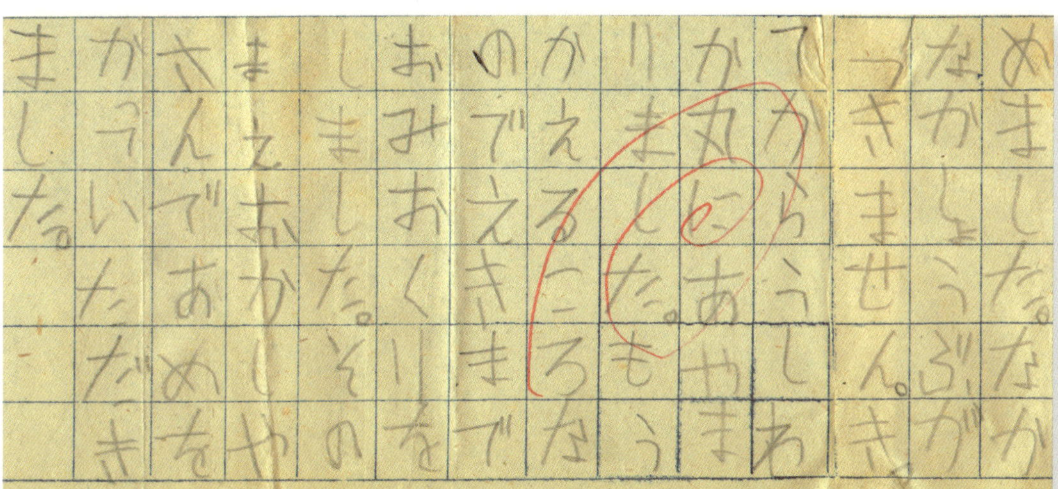

めました。なかながしょうぶがつきません。きてからうしわか丸にあやまりました。もうかえろころなのでえきまでおみおくりをしました。そのまえおかしやさんであめをがっいたたきました。

11月20日土よう
てんき（あめ）
がっこうからかえっておかあさんとおねえさんとぼくときたいけぶくろに二十四のひとみをみにいきました。えいがかんへはいるといぱいでしたそれだか

【一九五四（昭和二十九）年　十一月二十日】　『二十四の瞳』は、壺井栄の作品で、　昭和二十七年十二月に単行本として発行され、ベストセラーになりました。四国小豆島を舞台にした、十二人の小学生と先生の交流をえがいたものです。昭和二十九年に映画化され、多くの人が感銘を受けました。

らひだりのは
うないきまし
た。すごくかわ
いそうなので
ないてしまい
ました。こえを
ださないでな
みだだけだし
てしまいまし
た。にくたがぼ
くいちばんす

きです。それが
からへいとへん
じしたこはき
らいです。大き
くなってめくら
になったひとは
かわいそうで
した。ぼくはう
みがすきでし
た。うみでとれ
た。大きいたい

ぼくもほしか
ったとおもいま
した。

11月22日 月よう てんき（はれ）
おとうさんと
ぼくとおねえ
さんとおかあ
さんときたま
ちにこじかも
のがたりをみ
にいきました。
もんのとこに
やすいせんせ
いがいらっしゃい
ましたなかに

【一九五四（昭和二十九）年　十一月二十二日】　北町小学校の校庭に二本の棒が立てられ、白い布が張られ、それがスクリーンとなり、映画会が開かれました。同じ方法で神社やお寺の境内でも、映画会がよくありました。アメリカ・ディズニー映画『子鹿物語』に、子どもたちは驚嘆しました。

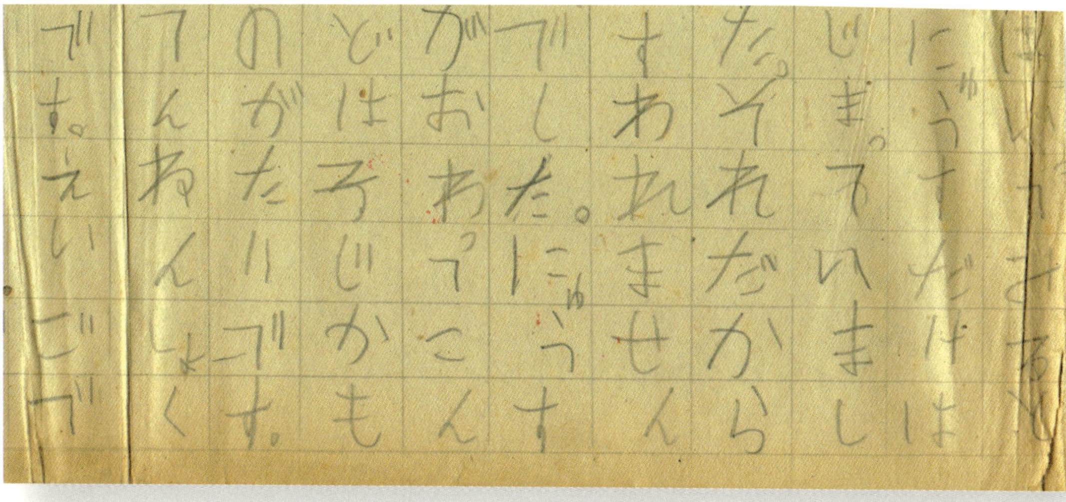

[illegible]
にゅうすだけは
じぎ。でれまし
た。それだから
すわれません
でした。にゅうす
がおわってこん
どは子じかも
のがたりです。
てんねんしょく
です。えいごで

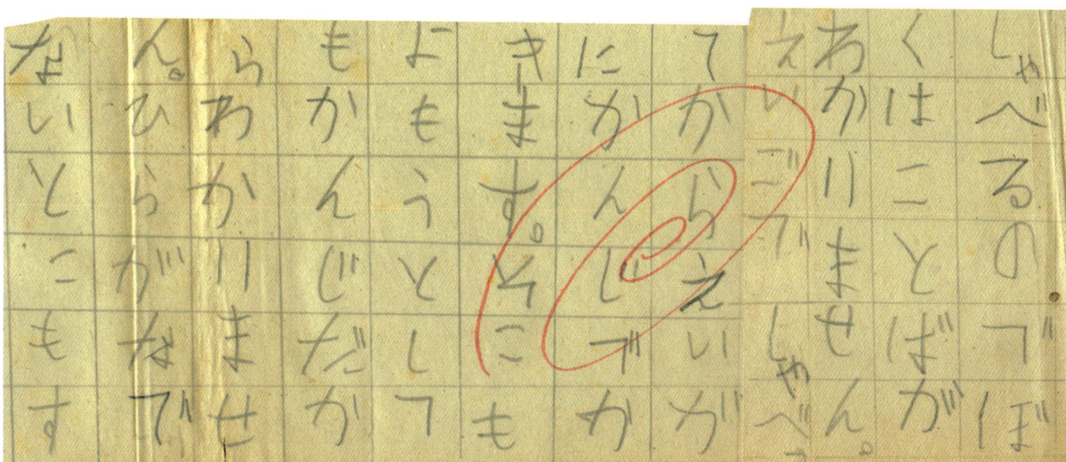

しゃべるのでぼ
くはことばが
あかりません。
えいごでしゃべっ
てがらえいが
にかんじでか
きます。字にも
よもうとして
もかんじだが
らわかりませ
ん。ひらがなで
ないとこもす

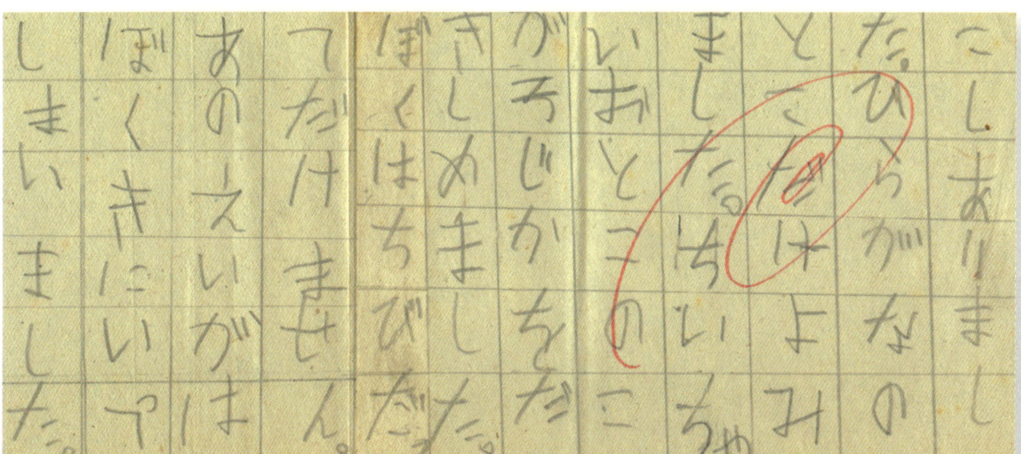

こしありまし
た。ひらがなの
とこだけよみ
ました。ちいちゃ
いおとこのこ
が子じかをだ
きしめました。
ぼくはちびだっ
てだけません。
あのえいがは
ぼくきにいっ
しまいました。

＊ちび＝可愛がっていた犬の名前です。

小鹿のバンビ

作詞　坂口淳／作曲　平岡照章

こ じ か の バン ビ は か
わ い い な ー お は な が に
お う は る ー の あ さ ー も
り の こ や ぶ で う ま
れ た と ー み み ず く お じ さ
ん い ー っ て ー た よ ー

1子鹿のバンビは　かわいいな
お花がにおう　春の朝
森の小藪で　生れたと
みみずくおじさん　いってたよ

2子鹿のバンビは　栗毛色
せなかに白い　てんてんよ
細いあんよで　かけだせば
野原の蝶々も　今日は

【一九五四（昭和二十九）年 十一月三十日】

当時の物価は、米一kg百十円、バス代一区十五円、ノート一冊三十七円、クレヨン十二色五十三円でした。

ほしいものをすぐには買ってもらえませんでした。こころのなかで何日も願い、母にねだりました。

11月30日 火よう てんき（はれ）
ちかごちゃんがぬりえをぬっているのでぼくもちゃんばらのがほしくなったのでむたずかいをとうとうしてしまいましたじょうほくのほんやさんでかいました。

*じょうほくのほんや…地元の本屋さんの名前です。

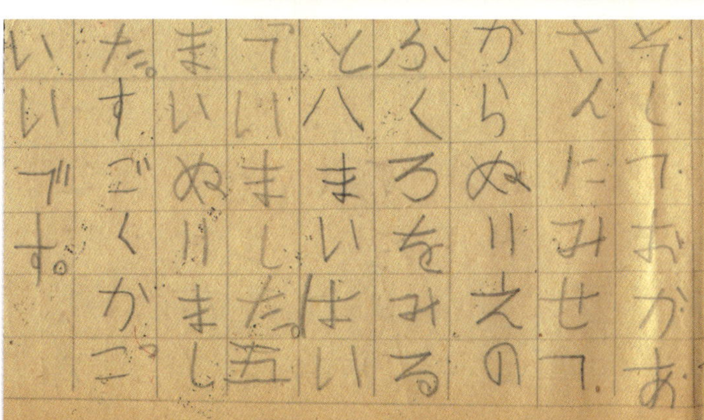
そしておかあさんたみせてからぬりえのふくろをみると八まいはいていました。五まいぬりました。すごくかっこいいです。

えにっき
第一学年四組
なまえ
もり ひでぶみ

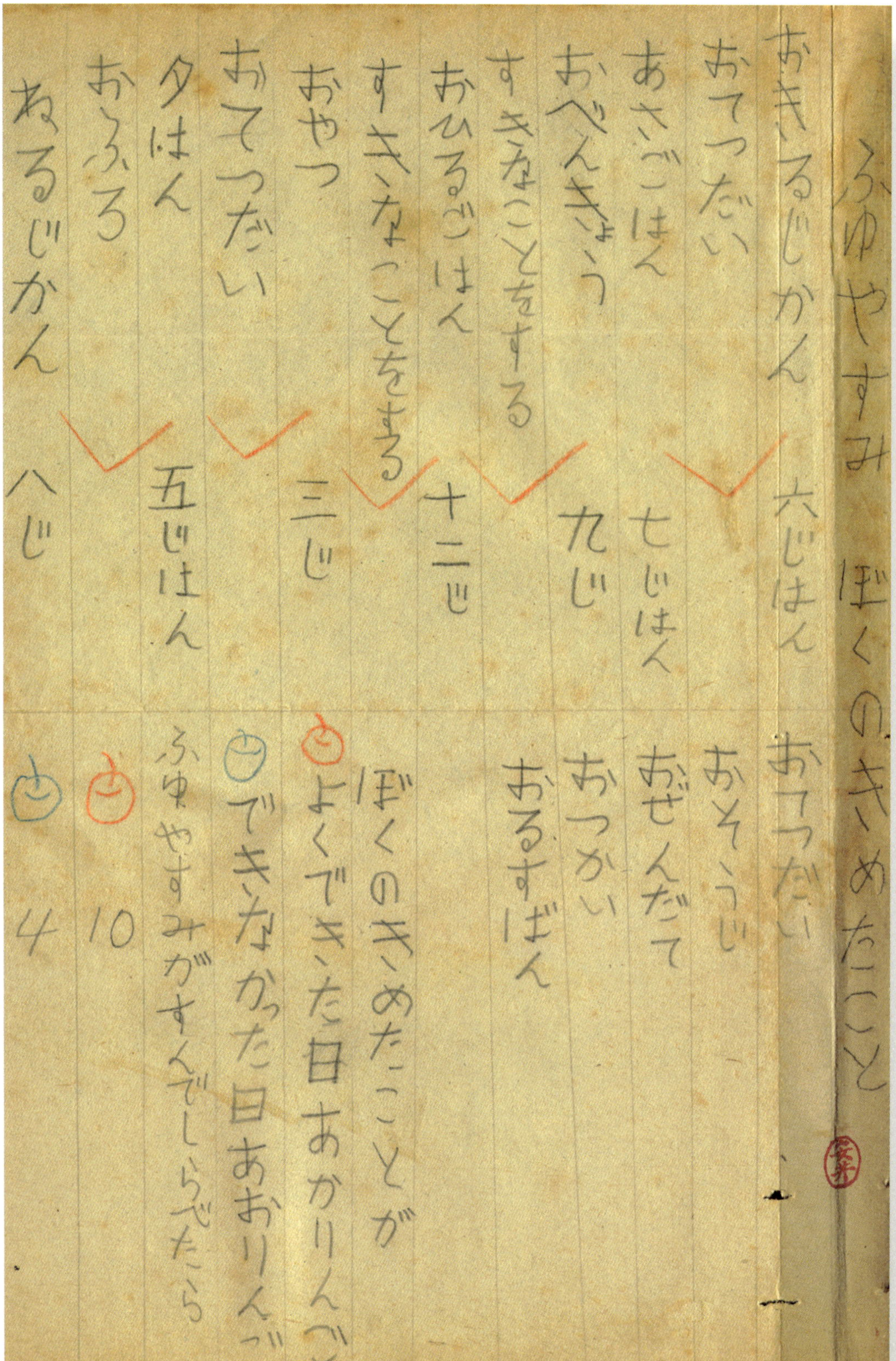

ふゆやすみ　ぼくのきめたこと

おきるじかん　六じはん
おてつだい
あさごはん　七じはん
おべんきょう　九じ
すきなことをする
おひるごはん　十二じ
すきなことをする
おやつ　三じ
おてつだい
夕はん　五じはん
おふろ
ねるじかん　八じ

おてつだい
おそうじ
おぜんだて
おつかい
おるすばん

ぼくのきめたことが
よくできた日あかりんご
できなかった日あおりんご
ふゆやすみがすんでしらべたら
10
4

【一九五四（昭和二十九）年　十二月十九日】

もみの木の代わりに、檜葉の小枝を使いました。厚い画用紙に、サンタクロース、星などの絵を描き、色をぬり、それをきりぬいて飾りとしました。

12月19日 日よう
てんき（あめ）
よるおねえさ
んと、ぼくとく
りすますのお
かざりをしま
した。さくたく
ろうすをつくっ
てかざりまし
た。ろうそくも
ほしもナじがも、
かもしかも、か

すごろく

【一九五四（昭和二十九）年　十二月十九日・つづき】サンタクロースのプレゼントは、幻灯機、『白虎仮面』の本、チョコレート、すごろく、サンタの靴下に入ったおかしでした。

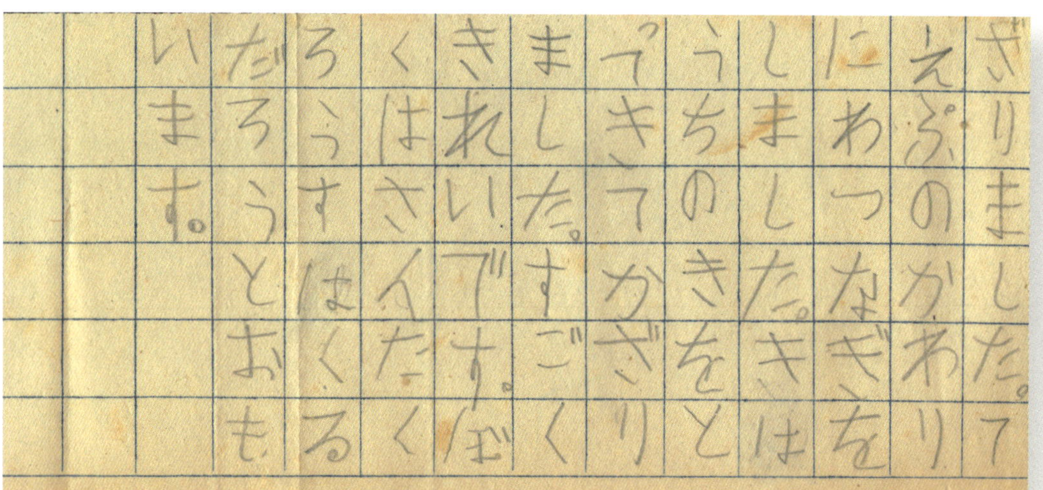
ざりました。てえぷのかわりにわつなぎをしました。きはうちのきをとできてかざりました。すごくきれいです。ぼくはさイたくろうすはくるだろうとおもいます。

12月 20日 月よう てんき はれ
ぼくがげくか
んのほうで、か
ばんをしでい
るとおとうさ
んが、ふじさん
がみえるよと
おじいました。
ぼくは、いそい
ではたけのほ
うへいきまし
た。けれどもみ

【一九五四（昭和二十九）年　十二月二十日】東京都内のあちらこちらから富士山をみることができました。学校の授業中に、近くの街道に出て富士山をながめました。

【一九五四（昭和二十九）年　十二月二十日・つづき】

一九五四年（昭和二十九年）十一月二十八日、富士山吉田口七合目で大雪崩が起き、登山中の東大、日大、慶大生が遭難し、十五人の大学生が永遠の眠りにつきました。

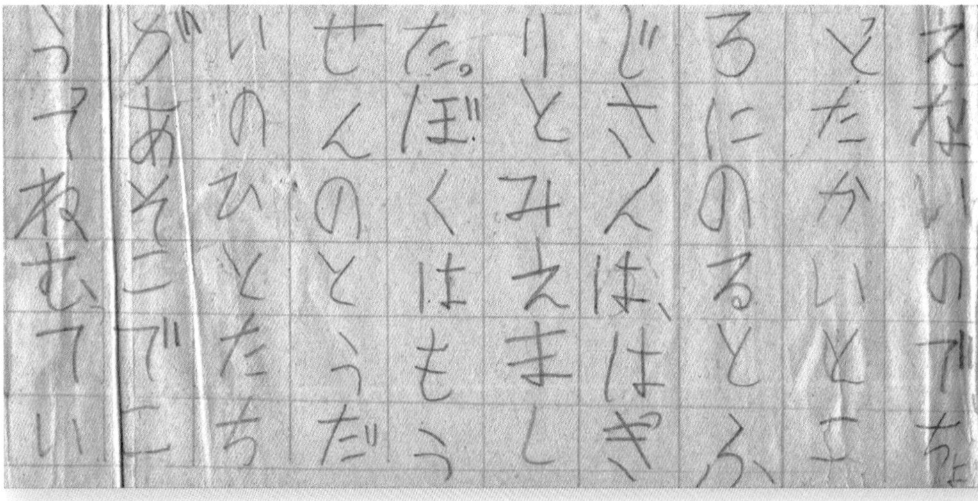
えないのでちょ
とたかいとこ
ろにのるとふ
じさんは、はぎ
りとみえまし
た。ぼくはもう
せんのとうだ
いのひとたち
があそこでこ
うつねむてい

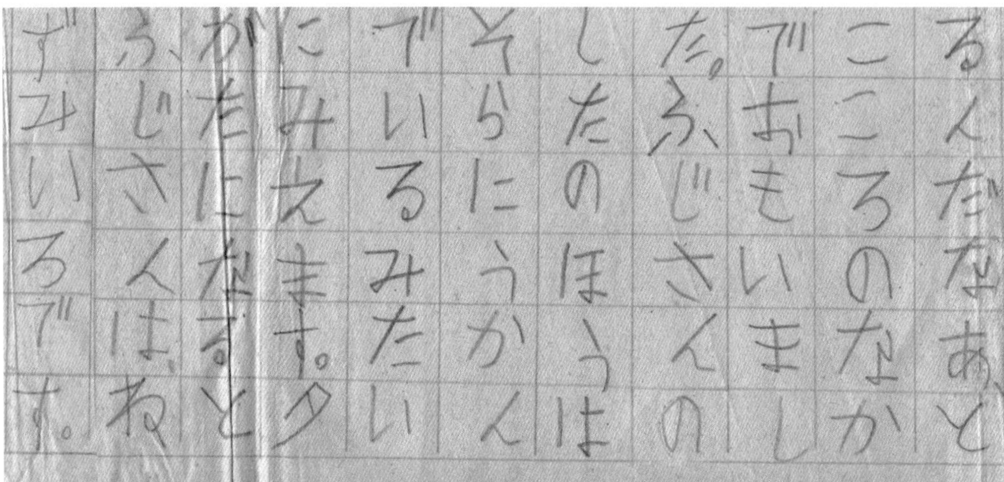
るんだなあ、と
こころのなか
でおもいまし
た。ふじさんの
したのほうは
そらにうかん
でいるみたい
にみえます。夕
がたになると
ふ、じさんは、ね
ずみいろです。

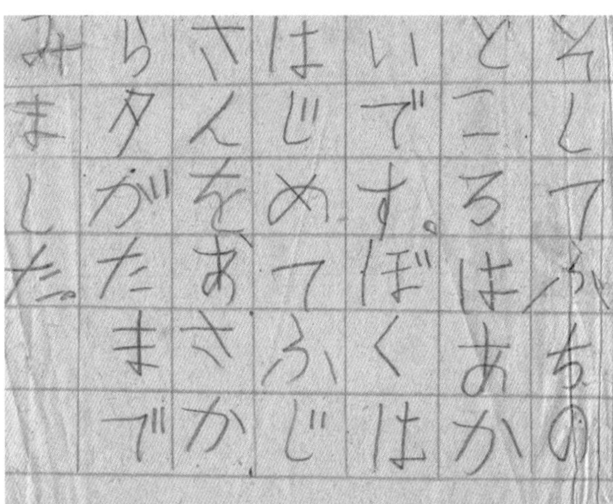
そしてかちの
ところはあか
いです。ぼくは
はじめてふじ
さんをあさか
ら夕がたまで
みました。

【一九五四（昭和二十九）年　十二月二十四日】
料理好きの母は、乏しい家計から安い食材をもとめ、ごちそうになるように、いろいろ工夫したようです。

12月24日金よう
てんき（はれ）
きょうはくりすますいぶなのでごちそうをしました。ごちそうの中にひいらぎのはがはいっていました。ごちそうは、はんばあくとさかなのばたやきとさらだ

グッド　バイ

作詞　佐藤義美／作曲　河村光陽

グッ ド バ イ グッ ド バ イ グッ ド バイ バイ
と う さ ん お で か け て を あ げ て
で ん しゃ に の っ た ら グッ ド バイ バイ

1グッドバイ　グッドバイ
グッド　バイバイ
父さん　おでかけ　手をあげて
電車に　乗ったら
グッド　バイバイ

2グッドバイ　グッドバイ
グッド　バイバイ
はらっぱで　あそんだ　友だちも
お昼に　なったら
グッド　バイバイ

【一九五四（昭和二十九）年　十二月二十四日・つづき】

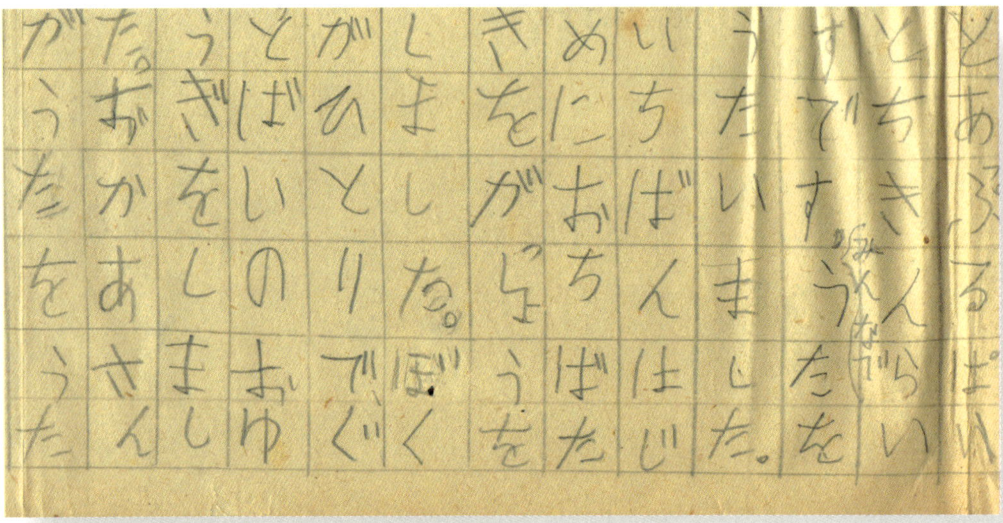

とあそるぱい
とちきんらい
ずですみんなでうたを
うたいました。
いちばんはじ
めにおちばた
きをがじょうを
しました。ぼく
がひとりでぐ
とばいのおゆ
うぎをしまし
た。おかあさん
がうたをうた

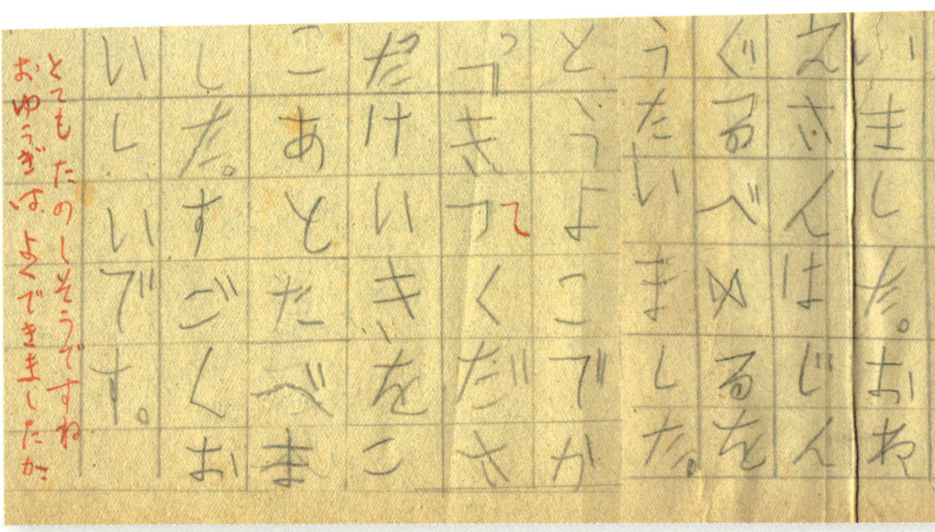

いました。おれ
んさんはじん
ぐるべぬるを
うたいました。
とうよこでか
ごきつてくださ
だけいきをこ
こあとたべま
した。すごくお
いしいです。

とてもたのしそうですね
おゆうぎは よくできましたか

12月30日　木よう
てんき（はれ）
もうじき正月
なので、ぼくと、
おねえさんと、
にわをはきま
した。ぼくは、く
さをとりまし
た。おねえさん
はにわ、そうじ
をしましたく
さをとってから
おそうじをし

【一九五四（昭和二十九）年　十二月三十日】

お正月をむかえるため、家族みんなで大そうじをしました。

【一九五四（昭和二十九）年　十二月三十日・つづき】

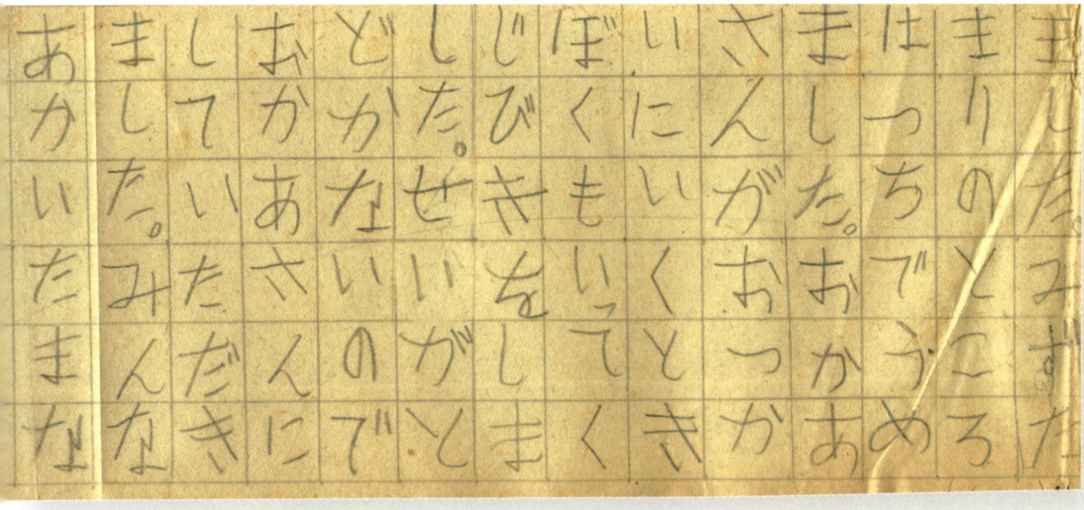
ました。みずたまりのところはっちでうめました。おかあさんがおつかいにいくときぼくもいってくじびきをしました。せいがとどかないのでおかあさんにしていただきました。みんなあかいたまな

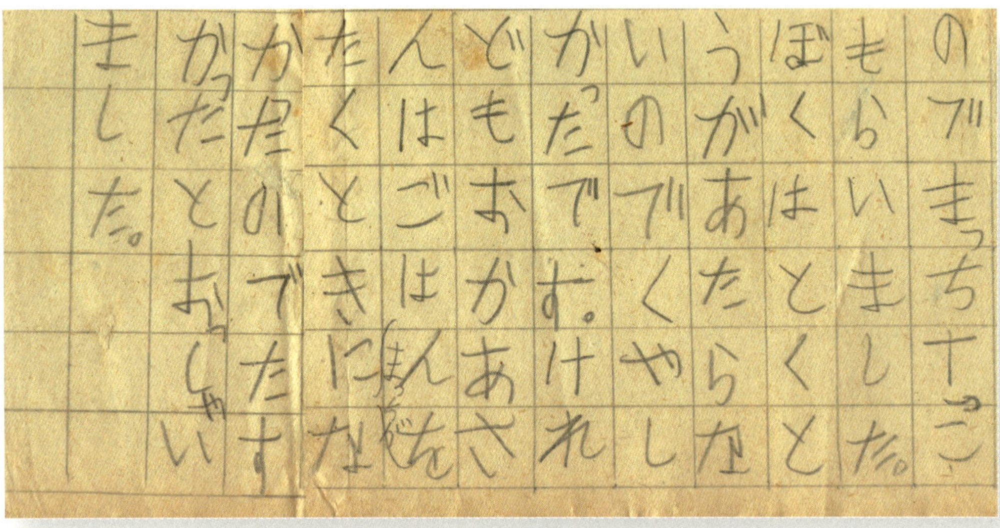
のでまっち十っこもらいました。ぼくはとくとうがあたらないのでくやしかったです。けれどもおかあさんはごはんをたくときになかたのでたすかったとおっしゃいました。

歳末大売り出しのくじびきの特等の商品は思い出せませんが、二等は一升びんに入った醤油（しょうゆ）でした。

えにっき
がつ
第一学年 四 組
なまえ
もり ひでぶみ

1月1日土よう
てんき(はれ)
きうはお正月
です。あさみの
るちゃんとみん
なで、おめでと
うといってぶど
うしゅうのおと
そをのみまし
た。おじゅずめを
たべもした。ば

【一九五五(昭和三十)年 一月一日】

お正月には、家族みんなで明治神宮に行き、お参りすることが習慣でした。

1月3日月よう
てんき（はれ）
べんきょうをしてからたこあげをしました。ぼくの、たこはやっこだこです。おねえさんと、あげているとよそのこが、あのたこは、ちゅうしんがくるっているといったの。

【一九五五（昭和三十）年　一月三日】

北風のふく、広い野原を走りまわって、たこあげをしました。

。ぼくはくやしくなりました。けれどもがまんをしてあげたらすごくたかくあがりました。かぜがつよく、くるとちゅうがえりをしたり、ついらくをしました。大きいおにいさんのたこは

ぼくのたこよりもっともっとあがります。ぼくはおにいさんのたこのようにあのぐらいあげてみたいなあとおもいました。

だんだんにじょうずになりますよ。どうしたらあがるかよくしらべて かんがえましょう。ちゅうしんがくるっていたらなおしましょうね。

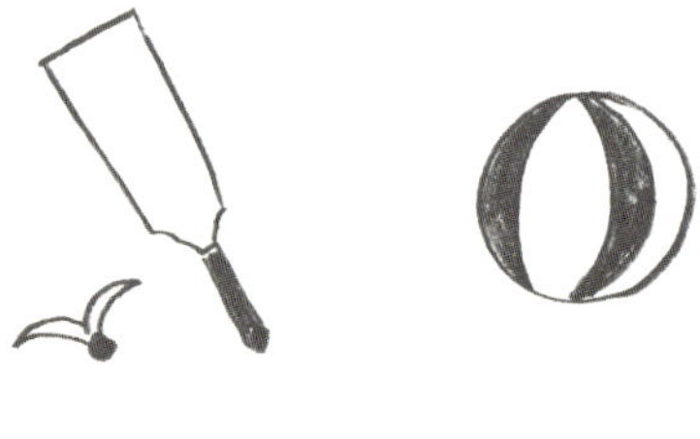

1月4日火よう　てんき（はれ）
夕ごはんがす
んでからぼく
とおねえさん
とおかあさん
とおとうさん
と四にんで百
人一しゅうをし
ましたおかあ
さんがよみま
した。はじめる

【一九五五（昭和三十）年　一月四日】

こたつに入って、百人一首をするのが大好きでした。

後京極攝政前太政大臣
きりぎりす
鳴や霜夜の
さむしろに
衣かたしき
ひとりかも寝む

「きりぎりす
鳴くや霜夜の
さむしろに
衣かたしき
ひとりかも寝む」

蟬丸
これやこの
行くも歸るも
わかれては
しるもしらぬも
逢坂のせき

「これやこの
行くも帰るも
わかれては
しるもしらぬも
逢坂のせき」

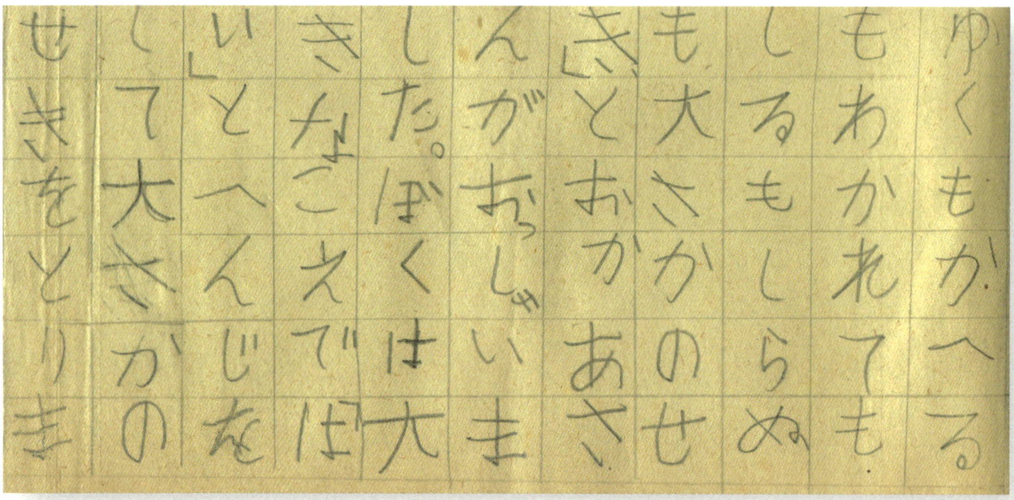
ゆくもかへるもわかれてもしるもしらぬも大さかのせき」とおかあさんがおっしゃいました。ぼくは大きなこえでばい」とへんじをして大さかのせきをとりき

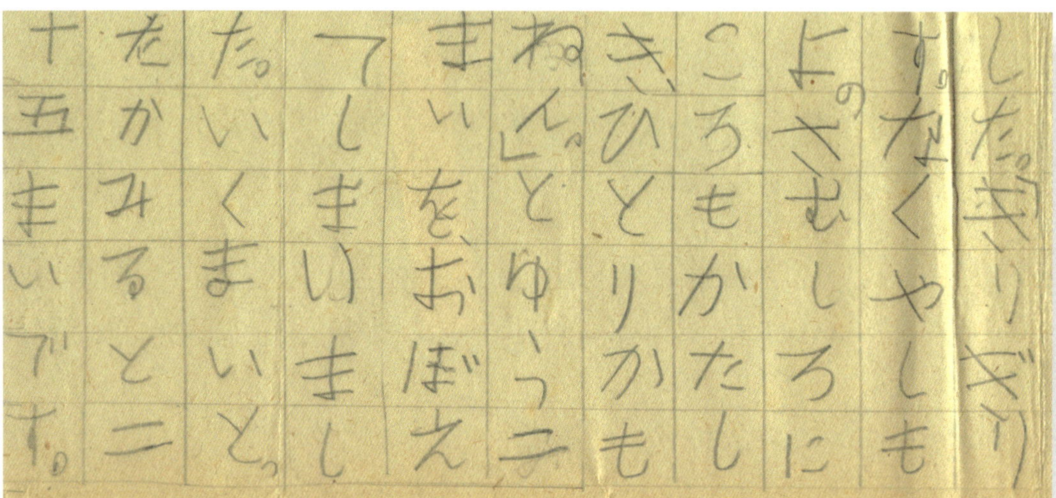
した。きりぎりすなくやしもよのさむしろにころもかたしきひとりかもねん」とゆう二まいをおぼえてしまいました。いくまいとったかみると二十五まいです。

1月20日木ようはれてんき11どきおん
夕ごはんをたべて
おとうさんと
おすもうをしました。
ぼくはとちにしきです。
おとうさんは大うち山
です。おとうさんはす
わってやります。それだ
けどぼくはたたきこみ
をされてしまいます。
ぼくはとびつくとぼくの
ほうがかちました。
ぼくはどうして立つ
てやってもたおされ
てしまいます。ぼくは
やせっぽちだからかな
とおもいました。

【一九五五（昭和三十）年　一月二十日】　昭和二十八年、「栃・若時代」への幕開けとともにラジオによって大相撲人気がもり上がりました。栃錦は小柄で技ありの名横綱、大内山はあごの長い背の高い大関でした。若ノ花は、今の貴乃花のおじさんです。

1 月 24 日 月よう てんき はれ きおん 19ど

ぼくがべんきょうをしていると大山くんとかなざわくんがまたきました。そとへでてちゃんばらをしました。ぼく一人です。かなざわくんたちのじんちをきめるときぼくは百をかぞえていました。百をかぞえてからうらたいきました。うらにはだれもいませんでした。ぼくのうちのほうで

【一九五五（昭和三十）年　一月二十四日】

ちょうどよい長さの木の棒をみつけ、はなをたらしながら、チャンバラあそびをしました。

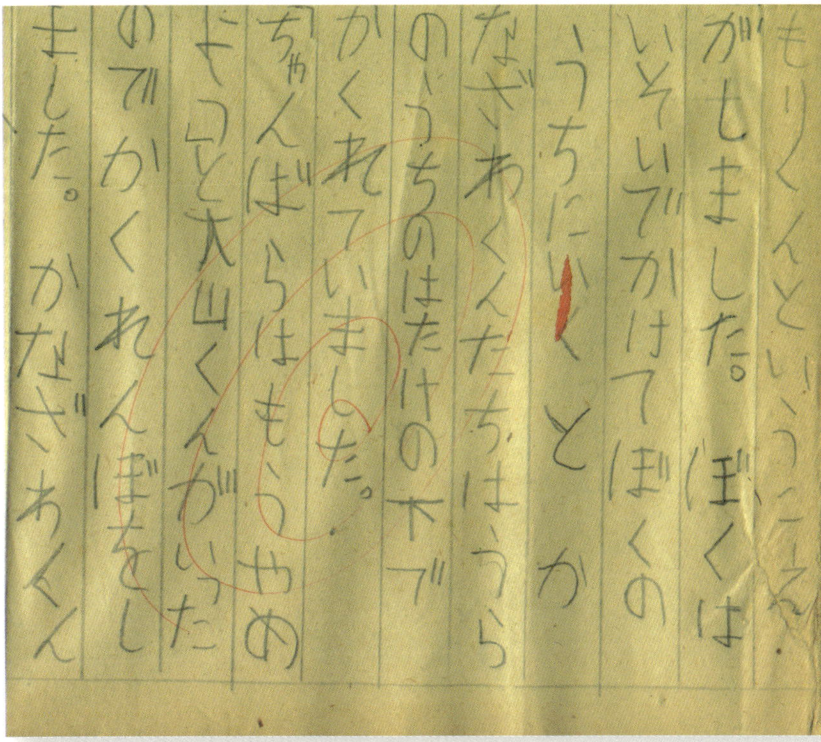

もりくんというこえ
がしました。ぼくは
いそいでかけてぼくの
うちにいくとか
なざわくんたちはうら
のうちのはたけの下で
かくれていました。
ちゃんばらはもうやめ
だっと大山くんがいった
のでかくれんぼをし
ました。かなざわくん

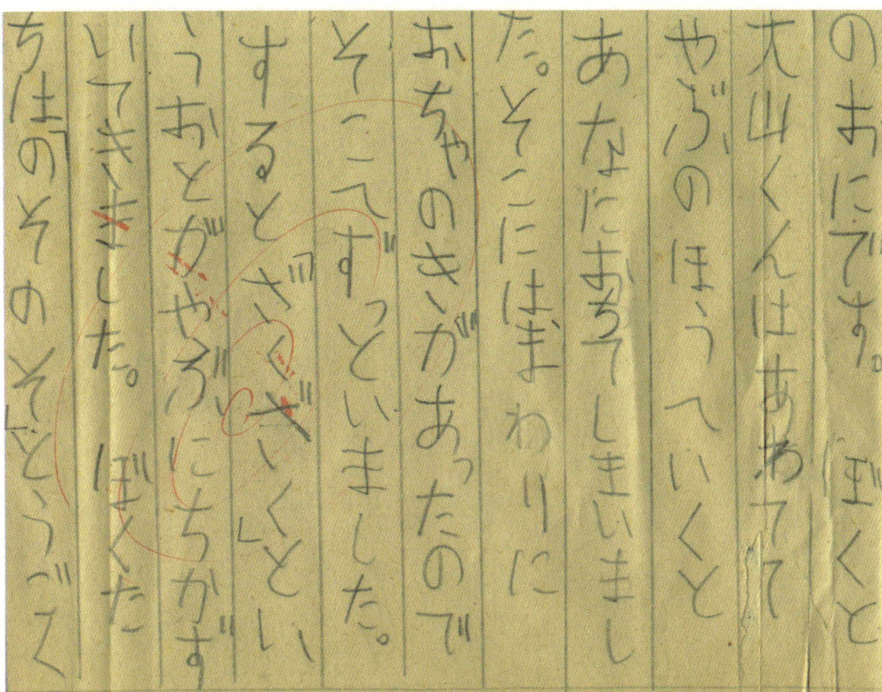

のおにです。ぼくと
大山くんはあわてて
やぶのほうへいくと
あなにおちてしまいまし
た。そこにはまわりに
おちゃのきがあったので
そこへずっといました。
するとざくざくとい
うおとがやぶにちかず
いてきました。ぼくた
ちはのそのそどうごて

かくれんぼ

作詞　不明／作曲　下総皖一

f
かくれんぼするもの　よっといで
じゃんけんぽんよ　あいこでしょ
mf
もういいかい
mp
まあだだよ

かくれんぼするもの　よっといで
じゃんけんぽんよ　あいこでしょ
もういいかい　まあだだよ
もういいかい　まあだだよ
もういいかい　もういいよ

【一九五五（昭和三十）年　一月二十四日・つづき】

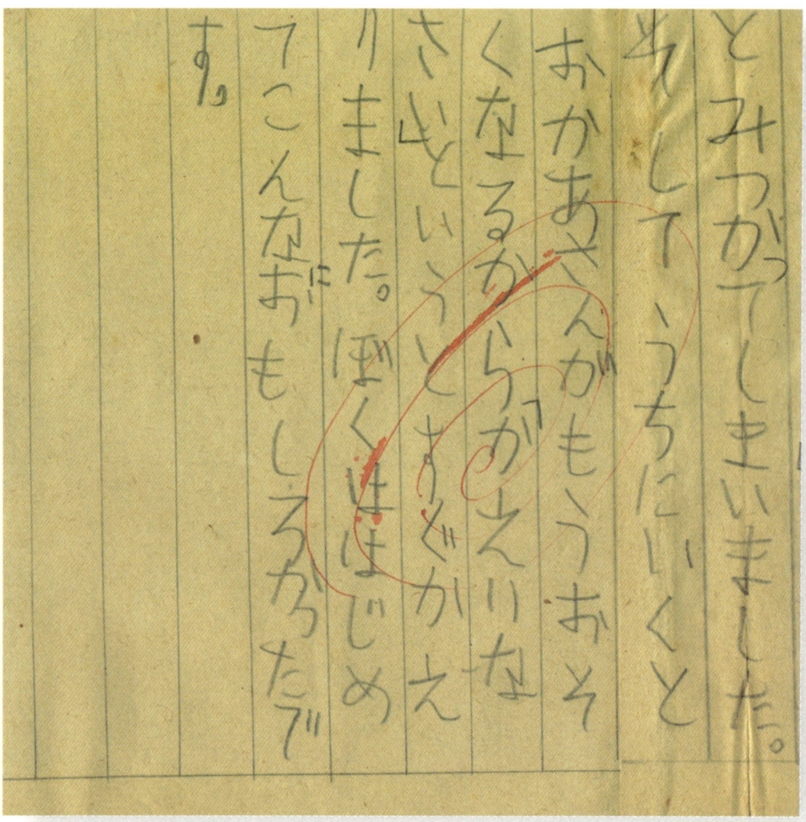
とみつかってしまいました。
そしてうちにいくと
おかあさんがもうおそ
くなるからがえりな
さい」というとすぐかえ
りました。ぼくははじめ
てこんなにおもしろかったで
す。

【一九五五（昭和三十）年　二月三日】

まめまきは大好きな行事でした。

2月3日木よう　てんき はれ　きおん 12ど

せつぶんなので
いりまめをまめまき
するまでかみさまのとこ
ろへかざっておきました。
夕ごはんをたべてから
少したってからまめま
きをしようとぼくがい
いました。みんながしよ
うとおっしゃいました。
まめをかみさまのところ
からとってきました。で
んきをぱちっとけ
しました。おねえさ

【一九五五（昭和三十）年　二月三日・つづき】

まいた豆を、暗闇（くらやみ）のなか手探りで、年の数だけひろい集めました。それを食べると、その年は健康でいられると教えられました。

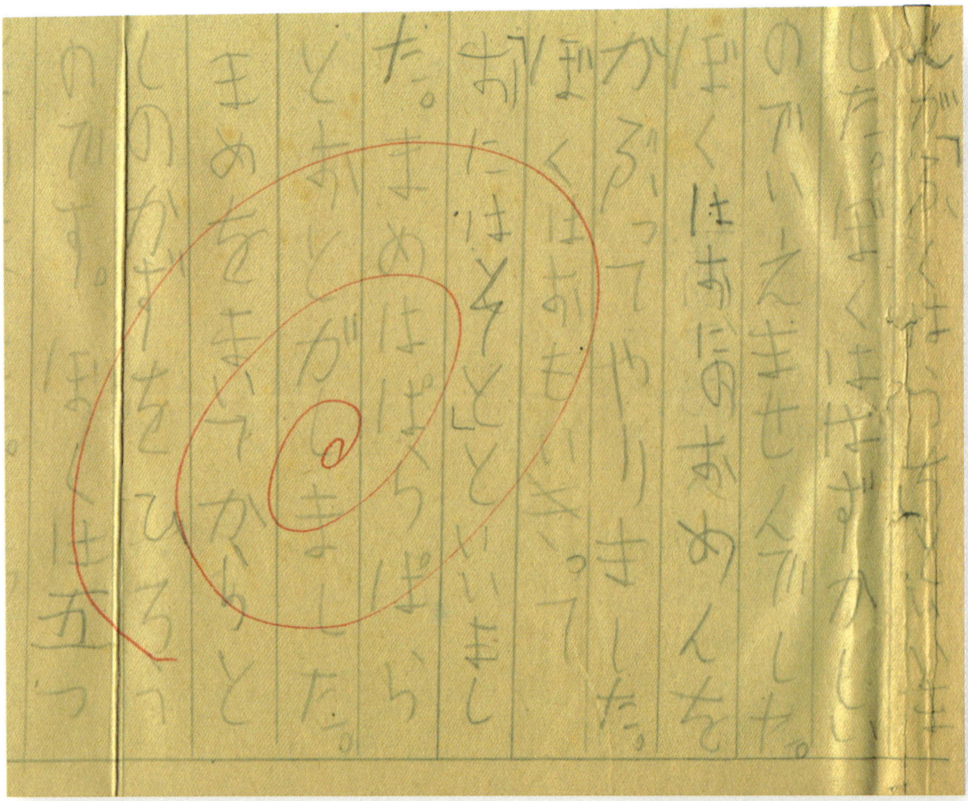
えが「ふくはうち」といいま
したのでぼくははずかしい
のでいえませんでした。
ぼくはおにのおめんを
かぶってやりました。
ぼくはおもいきって
「おにはそと」といいまし
た。まめはぱらぱらと
とおとがしました。
まめをまいてからと
しのかずをひろっ
のです。ぼくは五つ

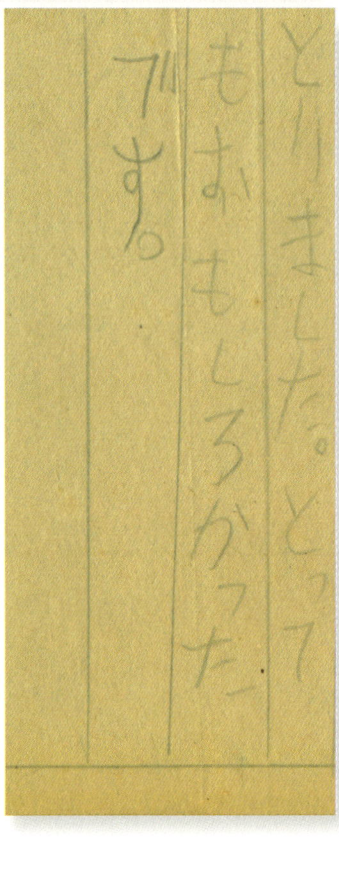
とりました。とって
もおもしろかった
です。

えにっき
がつ
第 一 学年 四 組
なまえ
もり ひでぶみ

2月19日 土よう てんき はれ きおん 11ど
きょうはおかのくんがもりくんのうちにいくからえきでまってというのでごはんをたべてからすぐえきにいきました。おかのくんはぼくのうちにこようとおもってとちゅうであいました。二人でぼくのうちにいきました。ぼくのうちでちゃんばらをしました。どっちもつよいの

【一九五五（昭和三十）年　二月十九日】

すもう遊びが人気でした。小学校の校庭には土俵（どひょう）が作られ、授業の中にすもうの時間もありました。

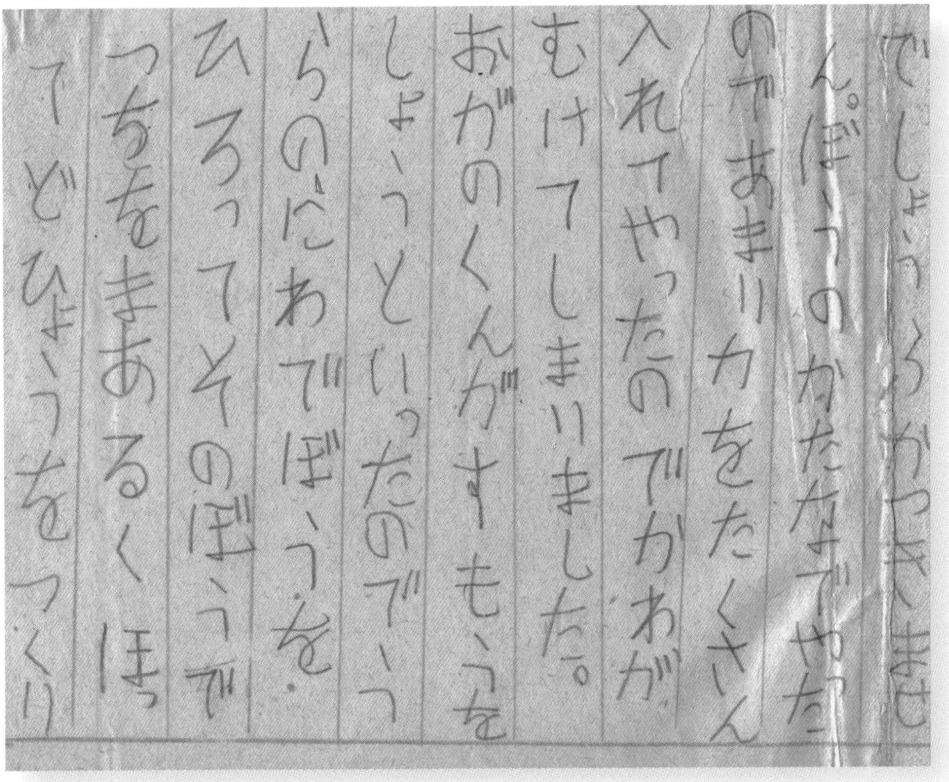

でしょうろかやくまぜ
んぽうのかたなでやった
のであまりカをたくさん
入れてやったのでかわが
むけてしまいました。
おがのくんがすもうを
しょうといったのでう
らのにわでぼうを
ひろってそのぼうで
つちをまあるくほっ
てどひょうをつくり

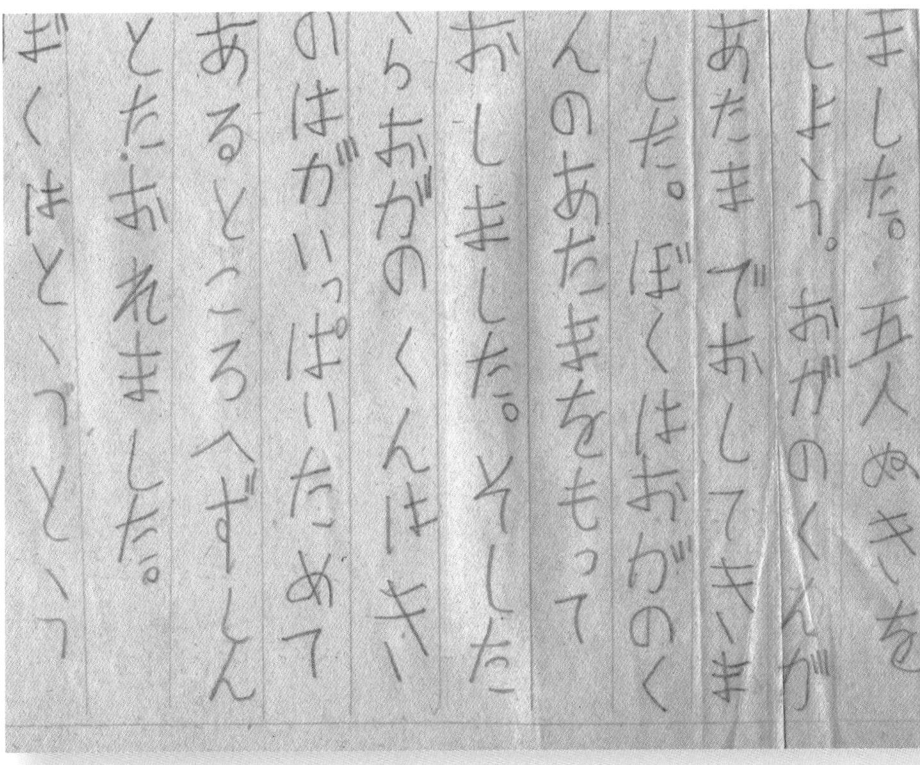

ました。五人ぬきを
しよう。おがのくんが
あたまでおしてきま
した。ぼくはおがのく
んのあたまをもって
おしました。そした
らおがのくんはき
のはがいっぱいためて
あるところへずしん
とたおれました。

ぼくはとうとう

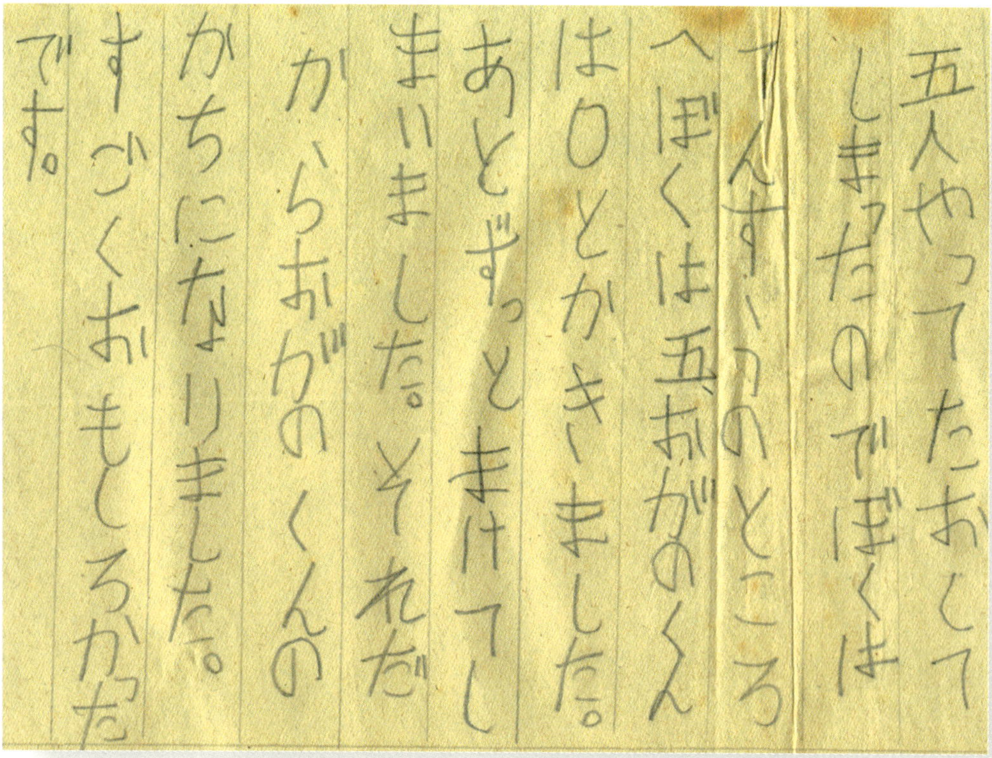

五人やってたおして
しまったのでぼくは
てんすうのところ
へぼくは五、おがのくん
は0とかきました。
あとずっとまけてし
まいました。それだ
からおがのくんの
かちになりました。
すごくおもしろかった
です。

2月24日 木よう てんき は花 きおん 17ど

ちかてちゃんと、みつよちゃんと、ぼくと、うらのたけやぶにいくとふき、のとうがはえていました。たくさんはえていました。ぼくが、「みんなでくみをしよう。」というと、ちかこちゃんが、「しょうしょうほうきをもっておいで上とりりました。

【一九五五（昭和三十）年　二月二十四日】

「みんなでくみをしよう。」＝囲ってまとめようということです。

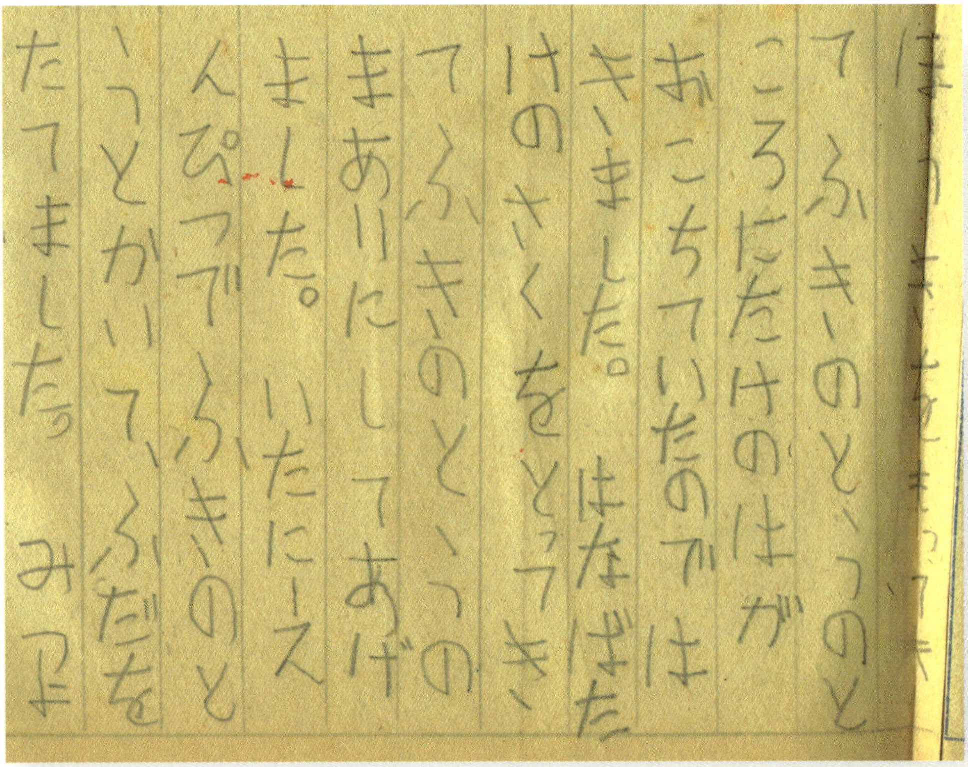
てふきのとうのところにたけのはがおちていたのではきました。はなばたけのさくをとってきてふきのとうのまありにしてあげました。いたにえんぴつでふきのとうとかいてふだをたてました。みつよ

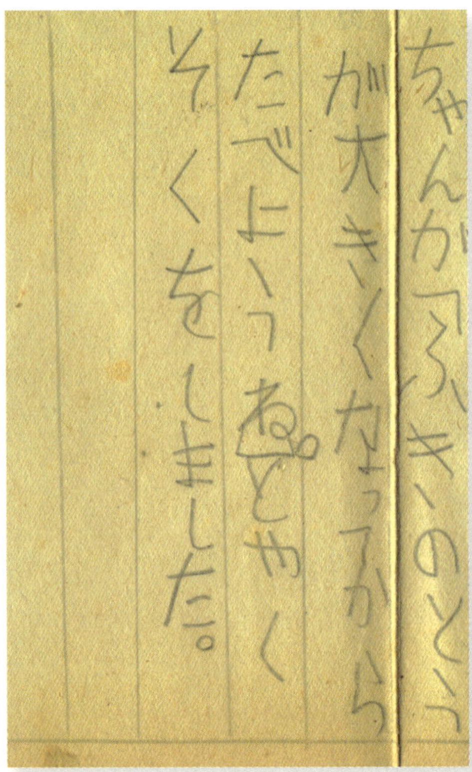
ちゃんがふきのとうが大きくなってからたべようねとやくそくをしました。

3月1日 火よう てんき はれ きおん 17ど
ぼくがべんきょうを
して きんぎょを
みてみてるときんぎょ
がいしのところに
たおれていました。
ぼくがきんぎょばちを
ゆすると きんぎょ
はうごきました。
とっても水がきたな
いのでかえてあげまし
た。いしもあらってあ
げました。 きん
ぎょはうれしそ

【一九五五（昭和三十）年　三月一日】

ガラスの金魚鉢を机の上におき、毎日みていました。

金魚の昼寝

作詞　鹿島鳴秋／作曲　弘田龍太郎

あ　か い　べ べ き た　か わ ー い い　き ん ぎょ
お め め を　さ ま せ ば　ご ち そ う　す る ー ぞ

1 赤いべべ着た
可愛い金魚
おめめをさませば
御馳走するぞ

2 赤い金魚は
あぶくを一つ
昼寝うとうと
夢からさめた

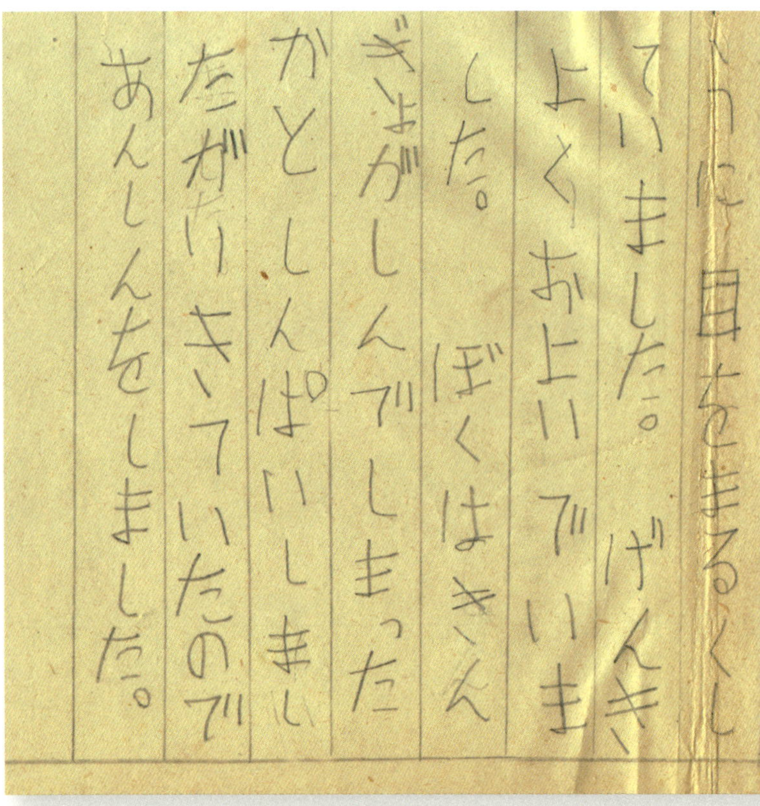
くつに目をまるくし
ていました。げんき
よくおよいでいま
した。ぼくはきん
ぎょがしんでしまった
かとしんぱいしまし
たがいきていたので
あんしんをしました。

3月 2日 水よう てんき はれ きおん 18ど

きょうはよいぜっくです。よるになるとさくらもちをたべました。かごにはいっているさんこのさかなやはまぐりはかざっておきました。さくらもちのはっぱのにおいをかぎました。そうしたらとってもいいにおいでした。そのはっぱはさくらのはっぱで

【一九五五（昭和三十）年　三月二日】

よいぜっく：ひなまつりの前の日の夜、ごちそうをたべて祝いました。

うれしいひな祭り

作詞　サトウハチロー／作曲　河村光陽

mf
あかりを　つけましょ　ぼんぼりに
mp
おはなを　あげましょ　もものはな
ごーにん　ばやーしの　ふえたいこ
きょーうは　たのしい　ひなまつり

1あかりをつけましょ　ぼんぼりに
お花をあげましょ　桃の花
五人ばやしの　笛太鼓
今日はたのしい　ひな祭り

2お内裏様と　おひな様
二人ならんで　すまし顔
お嫁にいらした　姉様に
よく似た官女の　白い顔

【一九五五（昭和三十）年　三月二日・つづき】

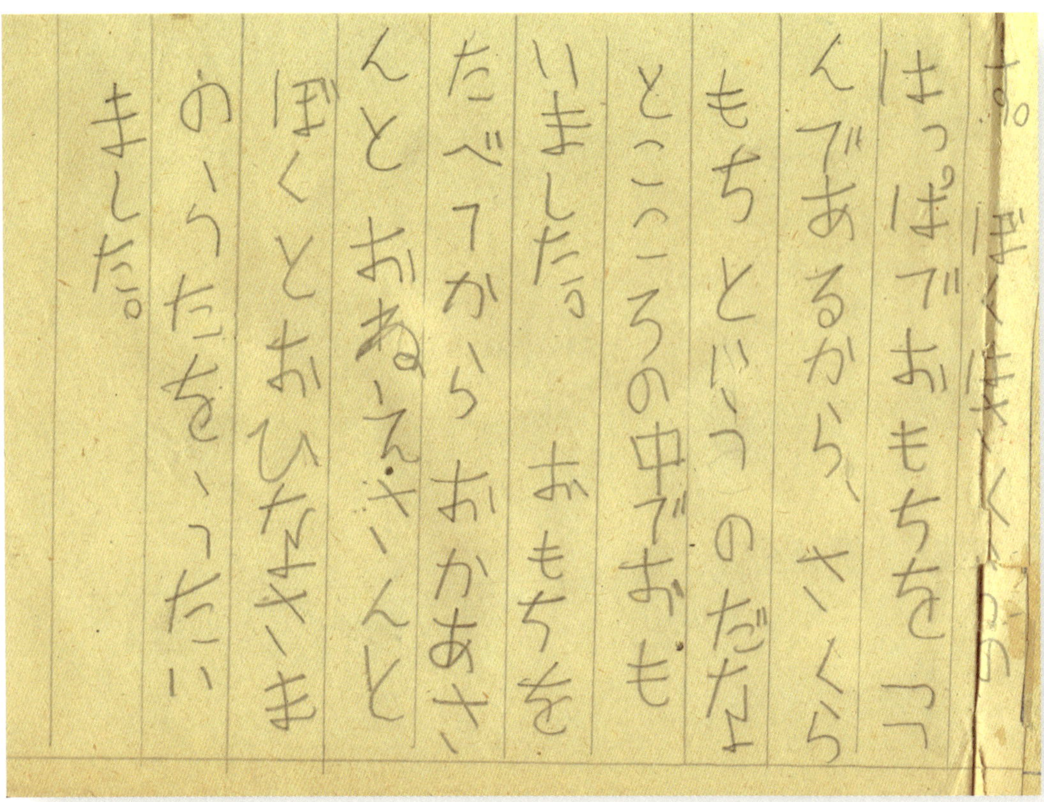
す。ぼくはさくらのはっぱでおもちをつつんであるから、さくらもちというのだなとこころの中でおもいました。おもちをたべてからおかあさんとおねえさんとぼくとおひなさまのうたをうたいました。

3月5日 土よう てんき ゆき きおん 2ど
きょう、十じごろ
から、ゆきがちら
ちらとひさしぶりに
ふりました。きのはや
くさはゆきでまっ白で
す。みちはまっ白では
ありません。ぼくは
ゆきがつもるといいな
あ。とおもいましたが、
あしたがくげいかいな
のでこまります。
もしつもったらさと
いってたべたいと
おもいます。

【一九五五（昭和三十）年　三月五日】
小枝に積もった雪の上の部分をそっとすくい、器に入れ、砂糖をかけて食べました。

【一九五五（昭和三十）年　三月九日】

土をシャベルでほり、死んだ金魚をそっとうめ、お墓をつくりました。

3月 9日 水よう てんき あめ きおん 11ど

あめが少しふっていたけれどきんぎょがしんでしまったのでかわいそうだからおはかをつくってあげました。ぼくがきんぎょばちをゆすっても、うごかないのでぼくはとってもかわいそうになりました。ぼくは外にいってきんぎょばちの中にはいっている水をどぶにじゃとすてました。

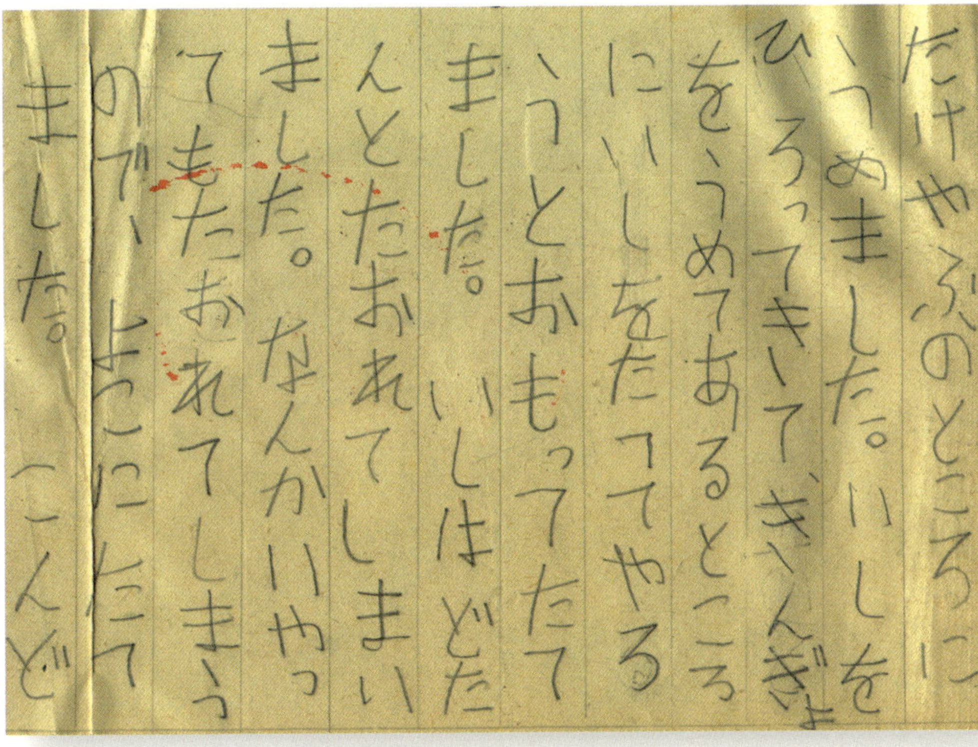

たけやぶのところにうめました。いしをひろってきて、きんぎょをうめてあるところにいしをたってやろうとおもってたてました。いしはどたんとたおれてしまいました。なんかいやってもたおれてしまうので、よそにたてました。こんど

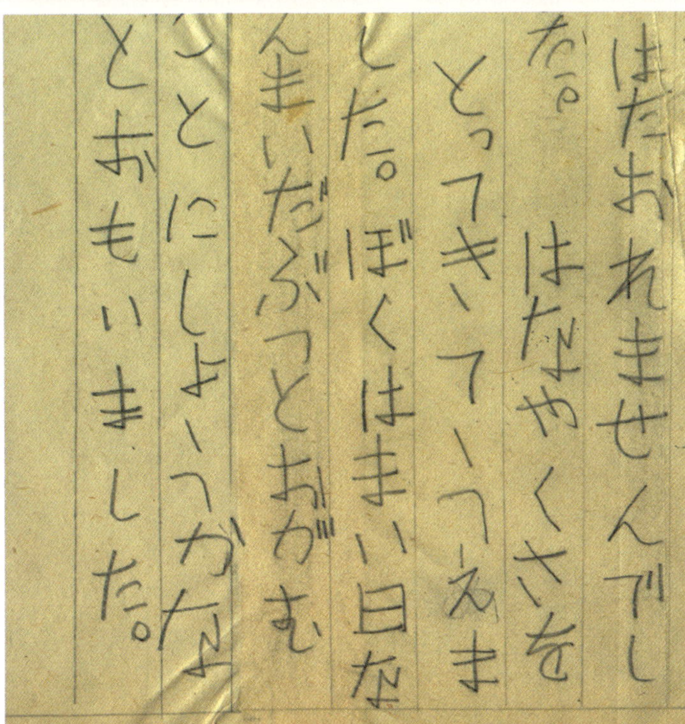

はたおれませんでした。はなやくさをとってきてそえました。ぼくはまい日なんまいだぶつとおがむことにしようかなとおもいました。

*なんまいだぶつ＝「南無阿弥陀仏」のことです。

3月 11日 金よう てんき はれ きおん 15ど

ぼくはていこちゃんのうちにいきました。でいこちゃんとがっこうにいってぶらんこにのりました。わたべさんは一人でのりました。ぼくとでいこちゃんと二人のりをしました。ぼくがたかくこいだのでていこちゃんは「こわいよ。」「こわいよ。といいまし

【一九五五（昭和三十）年　三月十一日】

ぶらんこを高く高くこぐ競争もしました。

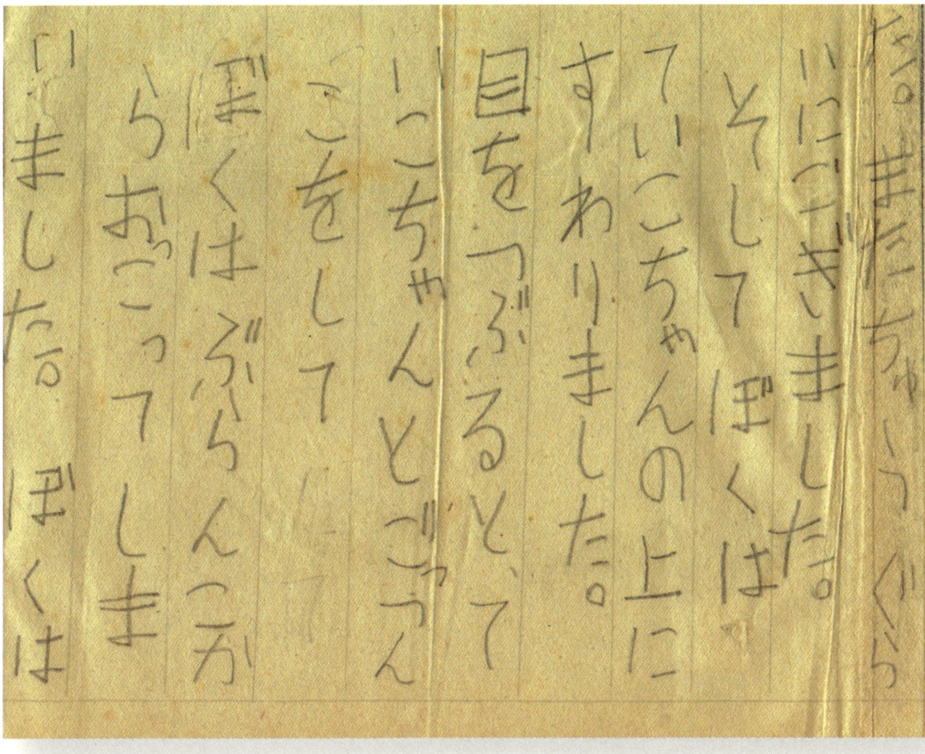
まだちゅうぐら
いにゆきました。
そしてぼくは
ていこちゃんの上に
すわりました。
目をつぶると、て
いこちゃんとごっつん
こをして
ぼくはぶらんこか
らおっこってしま
いました。ぼくは

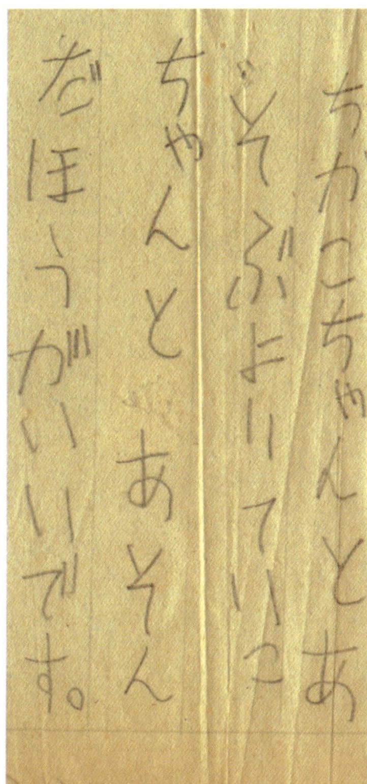
ちかこちゃんとあ
そぶよりていこ
ちゃんとあそん
だほうがいいです。

ぶらんこ　作詞　都築益世／作曲　芥川也寸志

mp
ぶらんこ　ゆれて　おそらが
ゆれる　ゆらゆら　ゆらりん
きのえだ　ゆれて　わたしも　ゆれる
pp
ゆらゆら　ゆらりん
mp
ゆらゆら　ゆらりん

1.ぶらんこゆれて　お空がゆれる
ゆらゆら　ゆらりん
木の枝ゆれて
わたしもゆれる
ゆらゆら　ゆらりん
ゆらゆら　ゆらりん

2.仲よしこよし　元気なぼくら
ゆらゆら　ゆらりん
仲よくこげば
仲よくゆれる
ゆらゆら　ゆらりん

3月13日 日よう てんき はれ きおん 14ど
おねーさんと
ぼくとおかあさん
とつくしをとりにいき、
ました。とかげもは
るになったからうれし
いそうにちょこちょこ
とあるいていました。
おねえさんはとかげ
がこわいのでこわいな
といいました。みん
なでつくしをとりま
した。はるのこう
たをうたいなが
らとりました。たん

【一九五五（昭和三十）年　三月十三日】
暖かい日には、河原や土手に春をみつけに行きました。

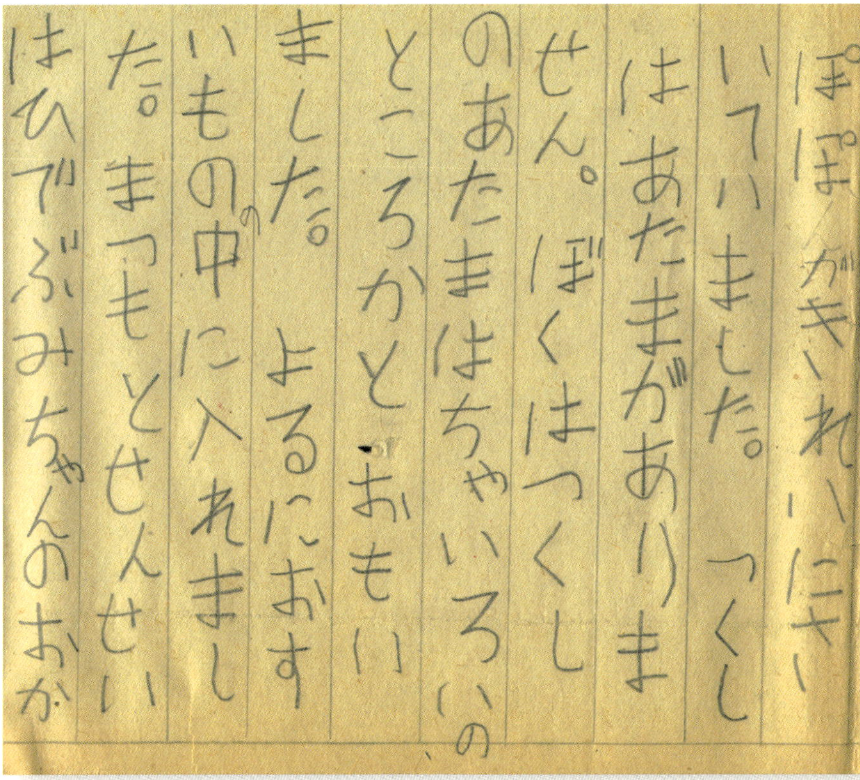
ぽぽ/がきれいにさい
いていました。つくし
はあたまがありま
せん。ぼくはつくし
のあたまはちゃいろいの
ところかとおもい
ました。よるにおす
いもの中に入れまし
た。まつもとせんせい
はひでぶみちゃんのおか

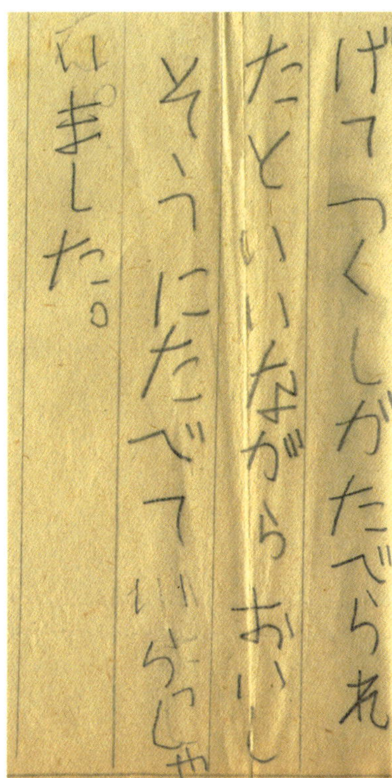
げてつくしがたべられ
たといいながらおいし
そうにたべていらっしゃ
いました。

春が来た

作詞　高野辰之／作曲　岡野貞一

はるがきた　はるがきた
どこにきた
やまにきた　さとにきた
のにもきた

1 春が来た　春が来た
どこに来た
山に来た　里に来た
野にも来た

2 花が咲く　花が咲く
どこに咲く
山に咲く　里に咲く
野にも咲く

3 鳥が鳴く　鳥が鳴く
どこで鳴く
山で鳴く　里で鳴く
野でも鳴く

おおきくなる

谷川俊太郎

おおきくなってゆくのは
いいことですか
おおきくなってゆくのは
うれしいことですか

いつかはなはちり
きはかれる
そらだけがいつまでも
ひろがっている

おおきくなるのは
こころがちぢんでゆくことですか
おおきくなるのは
みちがせまくなることですか

『子どもの肖像』　紀伊国屋書店　一九九三年

へそ

谷川俊太郎

「へそがあるうちはだいじょうぶだが
へそがなくなりゃおしまいさ」
それがじいちゃんの口ぐせだった
「つらいことがあったらへそをさすれ
わからんことがあったらへそにきけ」
いればはずしてじいちゃんはそう言った
だけどへそはなんにも答えてくれない
へそをさすったってくすぐったいだけだ
空はあいかわらずのんきに白い雲をうかべてる
「へそは見えないくだで地めんにつながっている
へそから生きる力を吸いこむんだ」
へえそうかいぼくは心の中でばかにした

おととしの夏じいちゃんは死んだ
じいちゃんのへそは煙になって空にきえた
そしたら急にへそがだいじに思えてきた

へそはなんの役にもたたないし
いつもむっつりだまってるけど
へそのおくにはエネルギーがつまっている

「押せるもんなら押してみろぼくのへそを
あっというまに宇宙が吹っとぶ」
とぼくが言ったら…

あやちゃんがにっこり笑ってぼくを見た

『みんなやわらかい』　大日本図書　一九九九年

あとがき……………絵日記によせて

私の還暦の祝の会で、母（現在九十歳）より、「はい、記念品よ」と一つの封筒包みを手渡されました。そっと開くと、図画紙をリボンでとじた私の小学校二年生の折の絵日記だったのです。紙はセピア色に、角は少しぼろぼろに、でも、絵の色は当時のまま、文字もはっきり読みとれるのでした。

祝の席の私は、この絵日記を手に、すっかり敗戦後の子ども時代にタイムスリップしてしまいました。どんぐりの粉、さつまいも、日本かぼちゃが主食だった時代に。食べ物も、お金も乏しかったはずなのに、思い出されるのは、家族と、友だちと過ごした楽しい風景ばかり。目、耳、手、口、皮膚を思いっきりひろげ、全身で生きていたことをありありと思い出したのです。

おてつだいと遊びにあけくれたあの日々が、私の五感の感動として秘められ、そして、ずっと今までの私の中に息づいているようです。子ども時代の大切さをしみじみ感じたのでした。

森　芳子

朝顔が咲き、入道雲が立ち、蝉の声を聞く夏休みの時期になると絵日記の宿題を思いだします。本書は、小学校一年生の夏休みの宿題として書き始め、その後も一年生を終えるまで、ほぼ毎日書き続けた絵日記の一部です。

思い出をたどると、遊び疲れて帰宅し厭々書いたり、実に興にのって紙数が足りなくなり、母親に用紙を要求し、継ぎ足して書いたこともありました。その日の一番の出来事を書き綴ったのでしょうが、家族と一緒に過ごした事、友だちとの遊びの部分が最も多くなっています。今、絵を見ながら読み返しますと、その場面での家族との会話、その時の自分の気持ち、友だちとの遊びの中で悔しい思いをしたり、少し悦にいったりした自分を鮮やかに思い出します。

今でも昔と変らぬ自分を発見することもあり、やや複雑な気持ちにもさせられますが、あの頃生活を一緒にした人達との交流の中から、今の自分があるのかなと思ったりもします。

森　秀文

全く私的な子どもの絵日記に、文をよせて下さいました鶴見俊輔氏、詩をかして下さいました谷川俊太郎氏に感謝申し上げます。また出版の機会を与えて下さいました近代出版菅原律子社長にお礼を申し上げます。最後に、約半世紀、二人の絵日記を大切に保存していてくれた母に心より感謝いたします。

森　芳子・秀文

二〇〇二年八月十五日

鶴見俊輔

1922年、東京に生まれる。1942年、ハーバード大学卒業。1946年、雑誌『思想の科学』を創刊。ベトナム戦争反対の市民運動「べ平連」に参加。
主な著書に『戦後日本の精神史』『戦後日本の大衆文化史』(ともに岩波書店)、『鶴見俊輔集』(筑摩書房)、『期待と回想』『隣人記』『大人になるって何？』(いずれも晶文社)など。

谷川俊太郎

1931年，東京に生まれる。1952年、第一詩集『二十億光年の孤独』を刊行。以来、現在まで数多くの詩集、エッセイ集、絵本、童話、翻訳書など幅広く作品を発表。2000年には、『CD-ROM　谷川俊太郎詩集』を刊行。
主な詩集に『六十二のソネット』『うつむく青年』『ことばあそびうた』『子どもの肖像』『真っ白でいるよりも』『みんなやわらかい』など。

桑原（森）芳子

1940年、朝鮮京城に生まれる。1945年、母の実家のある愛知県に引き揚げ。1947年、愛知県碧海郡安城町立安城中部小学校入学。1963年、日本女子大学文学部社会福祉学科卒業。現在、出版社に勤務。

森　秀文

1947年、愛知県碧海郡安城町に生まれる。1954年、東京都練馬区立北町小学校入学。1971年、慶應義塾大学経済学部卒業。現在、金融界に身をおく。

こどもたち　こどもたち ── 1948年・1954年の絵日記 ──

発　行　2002年10月31日　初版第1刷発行
著　者　森 芳子　森 秀文　鶴見俊輔　谷川俊太郎
発行者　菅原　律子
発行所　株式会社　近代出版
〒150-0002　東京都渋谷区渋谷2-10-9
TEL(03)-3499-5191　FAX(03)-3499-5204
E-mail　kindai-s@mx7.mesh.ne.jp
http：//www.aya.or.jp/~kindai-s
振替00190-8-168223
造本・装丁　桂川　潤
印刷・製本　シナノ印刷株式会社

ISBN4-87402-083-6　C0095